《语言政策与规划研究》

第3卷 第2期 （2016年12月）

目 录

Journal of Language Policy and Language Planning

Volume 3, Number 2 (December 2016)

Table of Contents

跨境语言的资源价值*

武汉大学 文学院　**赵世举**

提　要：跨境语言，凝聚着特定的族群，承载着多元文化，呈现出独特的语言样态。它们既是独特的语言资源、丰富的文化资源和珍贵的历史资源，又是重要的政治资源、特殊的安全资源和待采的经济资源，因此，也是国家多功能的综合性资源和战略资源。尤其是在国家推进"一带一路"建设背景下，其价值更加凸显。加强跨境语言的保护和利用，是我国面临的一项重要现实任务。

关键词：跨境语言；语言资源；语言生态；语言保护；一带一路

1. 引言

　　跨境语言，突破了国界，凝聚着特定的族群，承载着多元文化，蕴藏着丰富的历史积淀，呈现出独特的语言样态，也形成了特殊的语言关系。这就决定了它的特殊性、复杂性和重要性。

　　我国跨境语言较为丰富。戴庆厦（2014）论及 30 多种，黄行和许峰（2014）按国内语言统计有 50 余种，周庆生（2013b）统计跨境少数民族语言为 33 种。

　　由于跨境语言分布边陲，一般不为人所关注。其实，它是非常珍贵的综合性资源，具有难以估量的多方面价值，很值得发掘、保护和利用。尤其是在国家推进"一带一路"建设背景下，其价值更加凸显。从资源视角看，其价值主要体现在如下几个方面。

2. 独特的语言资源

　　任何一种跨境语言都是人类社会独特而珍贵的语言资源，具有非常重要的语言价值。

2.1 语言生态价值

　　犹如自然生态系统一样，语言也是世界生态系统的重要组成部分。任何一种语言都依存于它所在的语言环境、社会环境、乃至自然环境。维护多样性的语言生态，是人类语言良性发展的重要条件。生态语言学的发展，进一步深化了我们对语言的生态特性及生态价值的认识。由于跨境语言在生存环境上的特殊性（语言地理、文化地理、政治地理、自然地理的复杂交错）、其内部变异的多元性和复

* 本文是在2014年撰写的一篇旧稿基础上修改而成的。感谢戴庆厦先生的督促和指导。此为国家语委重点项目"'一带一路'话语构建研究"（项目编号：ZDI135-24）的阶段性成果之一。

杂性，决定了它在语言生态体系中的独特地位及价值，也决定了它对于语言运用和语言生态保持具有非跨境语言所没有的特殊作用，是语言生态系统中不可或缺的重要组成部分。就我国跨境语言状况看，除了常态的单语跨境分布（如朝鲜语）之外，也有多语交集跨境的情况，而且明显呈现出几个密布带。例如北部的蒙古语族语言带、西北部的突厥语族语言带、西南部的藏缅语族语言带、南部的壮侗和苗瑶语族语言带、台湾的南岛语系语言带等。这恰与费孝通先生提出的、很多学者也有所研究的"民族走廊"相契合。这些繁星簇拥般的跨境语言带，点缀在中国以汉语为主体、百余种民族语言和谐相处的五彩缤纷的语言生态系统之中，是一道亮丽的语言风景线。例如在"黔、滇、桂、越北跨境语言走廊"里，一般民族除了使用本族语言之外，都兼用各自国家的通用语言或主体民族语言，有的还兼用地区性通用语言。如布央人、拉基人、普标人、仡佬人，在中国一方的，兼用汉语、壮语、傣语、苗语等；在越南一方的，兼用越语、侬语、岱语、傣语等（李锦芳 2013），呈现出丰富多彩的语言生活和生机勃勃的语言生态。

值得关注的是，由于很多跨境语言是使用人数不多的语言，而且大多地处偏僻，在多种因素影响下，一些语言逐渐衰微乃至濒危。一些学者预言，目前世界上仍在使用的 6,000 多种语言中，很多语言可能会在本世纪消亡。就我国而言，"使用人口 100 人以内有 7 种语言；使用人口为 100 到 1,000 的有 15 种语言；使用人口为 1,000 到 1 万的有 41 种；使用人口为 1 万到 10 万的有 34 种；使用人口为 10 万到 100 万的有 17 种；使用人口为 100 万到 1,000 万的有 10 种；使用人口超过 1,000 万的有 2 种；其中有 20 多种语言已经濒危或临近濒危，有 3 种语言近期已经消亡（羿语、木佬语和哈卡斯语）"（孙宏开 2006：33）。在 20 多种濒危语言中，不少是跨境语言。一些跨境语言濒危的现实更增添了其珍贵性。犹如任何生物的消亡都会危及世界自然生态系统一样，任何语言的消亡都会对语言生态带来损失甚至危害。为了避免语言资源衰减，维护和谐健康的多样性语言生态，保持世界语言体系活力，必须加强维护包括跨境语言在内的各种语言的生存和发展。

2.2 语言研究的难得样本

跨境语言或处于多语环境中，与其他语言接触频密而深入，表现出某些独特的语言特征；或偏处一隅，较好地保持了其历史面貌，与发展变化较大的语言形成了一定的差异，是非常难得的独特语言样本。正如戴庆厦先生（2013）所指出的："跨境形成的语言差异，与因年龄、职业等差异而引起的社会方言变异，或者由于地域差异而出现的方言变异具有不同的性质；也不同于亲属语言间由于语言分化而形成的亲属语言变异。可以认为，跨境语言差异有其自身的特点和规律，是语言变异的一种特殊形式。"例如哈尼语，分布于我国境内的云南省红河哈尼族彝族自治州、西双版纳傣族自治州等地和缅甸、老挝、泰国的临近地区（他们称阿卡语）。复杂的多语环境，造就了哈尼语的"多元色彩"。在语音方面，因为受汉语影响，在本有声韵调的基础上增加了 4 个声母（f、tj、thj、lj）、2 个复元音韵母（ue、ua；哈尼语本来没有复元音韵母）、1 个声调（本有 3 个声调），新增的声韵调专门用来拼写汉语借词（孙宏开等 2007：308-310）；在词汇方面，不仅从汉语中借词，而且从接触较多的其他语言中借词；不仅从汉语中直接借词，而且还有可能从傣语、白语中间接借用汉语词；在句法方面，也有一些特殊现象，如出现了本族词和同义借词共现的现象，例如 "no^{33} tse^{24} t6hi^{31} tha^{31} e^{55} si^{31}"（你再说一次），句中的 tse^{24}（再，汉语借词）和 si^{31}（再，哈尼语词）是同义词，它们按照各自的用法同现于一个句子中（段贶乐 1989）。而与哈尼语同属一种语言的泰国阿卡语则深受泰语的影响，在词汇、句法等方面又与我国的哈尼语形成了差异（戴庆厦 2009）。这些无疑是非同一般的鲜活的语言样本。对这类错综复杂的跨境语言开展研究，对于探明相关语言产生发展的历史和现状，深化对人类语言演化、语言接触、语言关系、语言生态等方面的认识，丰富历史语言学、语言类型学和普通语言学理论等都具有十分重要的意义。

2.3 语言交际的双重功能

跨境语言作为交际工具在使用层面也具有其特殊价值。它既是以其为母语者的族内交际工具，客观上也是一定区域的国际交流工具。就非母语使用者而言，既可用来实现族际交流，同时也可用来进行相应的国际交流。比如我国的朝鲜语，就我国朝鲜族人士而言，它既是我国朝鲜族族内交际工具，也是与朝鲜、韩国进行国际交流的工具；对我国掌握了朝鲜语的非朝鲜族人士而言，它既是与朝鲜族人士进行交际的族际交流工具，也是与朝鲜和韩国交往的国际交流工具。

3. 丰富的文化资源

语言不仅是文化的产物和最重要的载体，而且是文化的重要组成部分和最集中体现，是人类最重要的文化财富。任何一种自然语言，都凝聚着创造它的族群的世界观、价值观、思维方式、行为模式等文明成果，是无比丰富的文化资源。而跨境语言，由于其生存于相邻的多国环境中，是一个族群与多个国家交错的特殊土壤滋生的特殊产物，因而呈现出多元文化特色，往往具有非跨境语言所没有的一些特点，颇具特殊文化价值。尤其是那些没有文字并且濒危的跨境语言，弥足珍贵。

3.1 多元文化史宝库

跨境语言是民族迁徙、政治变更、文化交融和语言接触的产物，积淀了丰厚斑斓的多元性历史文化，是不可多得的文化史宝藏，可借以研究民族文化生成、演进、传播、变异史，以及异族文化交流交融史等各种复杂的文化现象，揭示被湮没的历史文化谜团，填补文化史研究空白。不少学者在这方面做出了不懈努力，或以语言史和民族史相互印证，或通过语言研究民族的来源与迁徙，或从语言特点研究古代历史文化特点，或从语言中的地名看民族历史文化情况，或从语言研究古代亲属称谓、亲属制度的特点等（戴庆厦、王远新 1988）。例如，石硕（2010）在研究"藏彝走廊"的民族与文化格局时提出："语言也是认识藏彝走廊中不同文化区域的重要标志。语言的多样性、复杂性是藏彝走廊的一个重要特点。在藏彝走廊中，同一民族的不同支系人群操不同的语言是一个较普遍的现象。特别是藏彝走廊中至今仍保留下来的不少被称作'地脚话'的语言，费孝通先生曾将这些语言看作是历史上民族之间'融而未合'的一个结果，故亦被语言学者称作'语言活化石'。因此，语言应是反映"藏彝走廊"中民族及族群文化的较为核心的要素。"因此，他根据语言以及民族自称、历史记忆和宗教信仰这四个要素，并兼顾总体文化面貌、民族系统、社会形态及地理等因素，将"藏彝走廊"划分为七个文化区，以揭示该走廊的文化格局及历史渊源。这充分显示了语言所具有的重要文化价值。又如，龚锦文（2003）通过考察我国的傣语、缅甸掸邦的傣语、泰国语、老挝语的历史渊源和迁播演变，并参照其他方面的材料，来探寻相关民族的历史发展，借以推测："傣、泰、老、掸诸族有着密切的亲属关系，其先民于公元前二世纪以前（上限公元前八世纪）从中国南方（岭南）的'骆越'（西瓯）群体分化出来后，迁徙到云南以哀牢山为中心的金沙江、澜沧江、怒江流域，并于此建立了'哀牢国'。哀牢国兴盛时期，逐渐向四周扩展（主要向西向南发展），领域不断扩大，其势力达到了云南的德宏、西双版纳地区和中南半岛的部分地区，迁徙到伊洛瓦底江流域的哀牢人（大傣）还建立了'达光王国'（即'滇越乘象国'）。公元七世纪'南诏国'建立，哀牢国日趋衰落，大批的傣、泰、老、掸诸族的祖先又继续向西向南迁徙，与早期向西向南发展的'哀牢人'混合。此后，傣、泰、老、掸诸族（包括阿洪傣）的居住地才形成了现在的格局。"赵相如（1987）借助对现代维吾尔语"bas-"（印刷）一词的渊源、涵义及其相关问题的考证，研究了我国中原印刷术传入新疆地区以及伊朗和欧洲的年代、路线及进程，进而推断："元朝是我国印刷术西传的年代。把中国印刷术从新疆沿着古代东西方的交通要道'丝绸之路'传入波斯，再经波斯传入埃及阿拉伯世界和欧洲西方世界的，是我国维吾尔族先民。"这也表明，跨境语言在研究民族文化交流史方面具有重要作用。

3.2 独特文化样式的源泉和依托

跨境语言也是许多独特文化样式产生的源泉和生存的依托。尤其是那些主要依靠口耳相传的文化样式，更离不开滋生它的语言。最具民族特色的各个民族代代相传的神话、传说、民间故事、歌谣、谚语、曲艺、戏剧等都得益于各种民族语言的滋润、表现和传播。例如赫哲族的说唱艺术形式《伊玛堪》，就是依靠民间艺人在猎场、网滩或茅屋里说唱而得以传承和流播，被称为"北部亚洲原始语言艺术的活化石"，2011 年被列入联合国亟需保护的非物质文化遗产名录（黄任远 2013）。例如藏族的《格萨尔》、维吾尔族的《阿凡提》、蒙古族的《江格尔》、柯尔克孜族的《玛纳斯》、景颇族的《勒包斋娃》等等，都因民族语言而生，并主要依靠民族语言代代口耳相传。丰富的跨境语言，正是这些绚丽多彩的文化财富的生存基础和传播媒介。

3.3 当代文化建设的资源

以跨境语言为媒介的文学、艺术、民俗等，因其历史悠久、多元浑成，往往具有鲜明的特色，也是当代文化建设的重要资源。不仅可以从中继承和借鉴生动活泼的传统文化样式，以丰富当代文化表现形式，也可在内容上挖掘和弘扬其中体现的勤劳勇敢、惩恶扬善、忠义仁爱等可贵精神，以服务于当代精神文明的构建。因此，注重挖掘、整理和利用跨境语言及其表达的各种文化资源，对于继承优秀传统文化，融汇丰富多彩的民族文化，发展当代文化，丰富人民文化生活，推进当代文明建设等都具有重要意义。例如壮族民间艺术家发掘整理的故事、传说、山歌、戏剧，如《布伯》《刘三姐》《百鸟衣》《侬智高的故事》等，因特色鲜明而广受喜爱，享誉全国。1993 年，广西壮族自治区科技委员会组织专家开发了古壮字信息处理系统，并应用于各类古壮字抄本的整理，相继出版了《布洛陀经诗译注》《壮族民歌古籍集成》《嘹歌》和《欢岸》等壮族古籍，让古老而丰富的壮族传统文化再展风采，为当代中国文化建设增添了新的内容（红棉树 2007）。

3.4 国际文化传播的便利工具

世界各国都注重利用跨境语言传播自己的文化。尤其是在区域经济一体化进程步伐加快的今天，发挥跨境语言的优势，加强相关国家的文化交流，促进文明互鉴，更具有现实意义。我国正在实施的"一带一路"建设，也需要充分发挥跨境语言的作用，通过语言桥梁，促进人文交流和人心相通，为经济合作和政治对话奠定基础。相比一些国家而言，我国这方面的工作相对薄弱。据悉，在新疆地区就有国外 8 个电台的 128 个频率，每天使用汉语、维吾尔语、哈萨克语、蒙古语、乌兹别克语、柯尔克孜语等开展宣传（黄行 2013）。有数据表明，前几年我国延边新华书店销售的朝鲜文图书有 80% 是韩国出版的，延边大学 10 万册朝鲜文图书中有 7 万册是韩国捐赠的（周庆生 2013a）。这固然有其积极意义，但不可忽视的是，有些国家和组织利用跨境语言对他国进行文化渗透，甚至实施煽动颠覆活动，也构成了相关国家边境地区的安全隐患。

总而言之，跨境语言的多元文化样态，丰富了世界文化生态，蕴含着丰富多彩的文化资源，具有巨大的开发利用价值。借助跨境语言研究，尤其是联系其赖以生存的特殊族群、政治、地缘、历史等背景因素，或可揭示文化生成、发展、传播、接触、竞争的难得景观和特殊规律。这无疑具有民族学、民俗学、人类学、宗教学、历史学、政治学等多学科的理论意义和实践价值，对于人类文化建设和发展不无裨益。

4. 珍贵的历史资源

跨境语言的形成，与环境变迁、自然灾异、战争动乱、社会变革等因素引起的人口迁徙、国界变化有着密切的关系，因而隐含着丰富而珍贵的历史记忆，是人类演进的"活化石"。其中不乏现存文献和历史遗物已经失记的珍稀信息。恰如有学者所说："一种语言囊括它的使用者的历史，正如人们常常比喻的，语言是历史的档案馆"（徐世璇、廖乔婧2003：138）。发掘跨境语言所珍藏的历史信息，既可与其他史料相印证，也可为已经失记的历史补缺漏，具有其他史料所不及的价值。尤其对于研究民族史、文化交流史、人口迁徙史、经济史、历史地理、战争史、灾异史等钩沉索隐之类的工作，具有十分重要的价值。例如我国南部边疆形成的自北向南的黔、滇、桂、越北跨境民族迁徙走廊，也造就了语种丰富的语言走廊，分布着汉、越及壮侗、苗瑶、藏缅、南亚等数十种语言。这个万花筒似的跨境语言走廊，保存着因战乱、灾荒、人口增长以及明清时期朝廷实施的"调北填南"的移民政策等因素所引发的民族迁徙记忆。举例来说，广西那坡县布央人有个传说，其祖上因躲避战乱而逃散。兄弟三人，一人留在本地，一人逃往云南方向，另一人去了越南，但无文献可证。20世纪50年代地方政府进行民族识别时，把云南的布央人归入壮族，广西的布央人归入瑶族。80年代末有语言学者在田野考察时发现，与那坡布央人语言最为接近的，确实有一支分布于云南省富宁县谷拉乡"布央八寨"；另一支在越南高平省，自称"恩"，当地的侬族称之为"侬环"。这正好印证了布央人的传说（李锦芳2013：49）。又如不少学者论及的"藏彝走廊"，分布着非常丰富的语言资源。孙宏开先生（1983：376-398，2013：27-39）根据语言的分布及其相互关联性，并联系其他方面的证据，论证了该"走廊"的形成线索。他指出："从我国和邻国的历史资料以及考古发掘等资料综合分析，使用藏缅语族语言的族群，在4,000年前，陆续沿丝绸之路、横断山脉、八江流域、藏彝走廊等多条路线南迁，散居在喜马拉雅两侧，他们的语言有明显的亲缘关系，有一批经得起推敲的同源词，语音和语法上大体可以捋出一条历史演变的轨迹。"因此他推断，以青藏高原为起点，这一带的人群曾经以多条迁徙路线向南、向西迁徙，形成了多条"丝绸之路""茶马古道"，其中有的翻越喜马拉雅山，到南麓定居，也有从西域来去的各族群在这里贸易乃至生息。因而，这里既是伊斯兰族群的交往通道，又是阿尔泰语系语言的核心地区，也是汉藏语系尤其是藏缅语族各族群的发源地，我们从语言分化、语言接触和许多目前仍然保留的语言演变事实可以看到许多未解读的蛛丝马迹。这类研究，充分彰显了跨境语言作为"活化石"的史学价值。

5. 重要的政治资源

跨境语言多为少数民族语言，并且与特殊的地缘、复杂的社会环境和多元文化相联系，因而，它不仅具有民族意义、地区意义和国家意义，而且具有国际意义，是十分重要的政治资源。随着全球化和信息化的发展，其政治功能日显重要。

5.1 联系邻邦的独特桥梁

异国同族民众语言相通的优势，也蕴含着得天独厚的民族感情基础，这是发展睦邻友好关系的良好条件。可以跨境语言为桥梁，与邻邦开展全方位的民间交往，推进经贸、文化、安全等方面的深度交流与合作，以增进了解，密切关系，促进政治互信，构建稳定持久的友好关系，营造良好的国际环境。这方面，我国过去有成功的实践，今天也不乏范例。例如中缅边境的德昂族与缅方的崩龙族，因同族的情感和同语的便利，虽有国境线分隔，但交往密切。从生产到贸易，从文化教育到宗教，乃至婚姻，都互动自如。举例来说，1998 年 8 月下旬，缅甸德昂族在南坎一座名叫"杉禄"的大山上举行缅甸崩龙族文字创制 26 周年纪念会，我国大批德昂族人及德昂族研究者应邀赴会。与会者都得到了一些用新创德昂族文字印制的材料，多位中国德昂族人表示要学习掌握这套文字，并准备向自己的同胞推广。此前，陇川德昂族聚居的村寨还建造了一座与缅甸杉禄山上一样的纪念德昂族创制拼音文字系统的纪念碑，在基座上也同样用 4 块石碑镌刻了缅甸德昂族文字方案，并在开头用中文说明："为了弘扬德昂族民族文化，于公元一九九四年二月十九日将德昂族文字刻入标志碑"。与此相应，缅甸掸邦第一特别行政区所辖的果敢县，居住着德昂、傣、苗、阿低、傈僳和汉等民族，由于战乱等因素的影响，教育较为落后，教师奇缺，一些校长或民族头人纷纷到相邻的中国镇康、耿马等地的民族同胞中，聘请知识青年去缅甸任教，并延请一些学者为他们修订教材。这表明中缅跨境民族保持了良好的互动关系（黄光成 1999）。当今，中国与邻近国家合作，先后提出和正在逐步构建"中国—东盟自由贸易区"、中越"两廊一圈"（昆明—老街—河内—海防—广宁、南宁—谅山—河内—海防—广宁经济走廊和环北部湾经济圈）、"上海合作组织""中国—中亚国家自由贸易区""一带一路"等，这些也迫切需要跨境语言从中发挥更为重要的作用。

5.2 维系边疆民族团结的黏合剂

正确对待和有效利用跨境语言，有利于增进民族团结，维护社会安定和国家统一。民族语言不仅承载着民族文化，也凝聚着民族感情，是民族的纽带和标记。任何民族都珍视自己的语言，尊重一个民族必须尊重其语言。跨境语言大多使用人数少，通行面较窄，在通用语的挤压之下有的日渐衰微乃至濒危，维护这些语言的生存和地位，发挥其应有的作用，有利于赢得人心，增强民族向心力和国家认同感。否则，可能会导致民族自卑、感情疏离、甚至人心向外等情况的出现，从而影响民族团结和社会稳定。这方面也是有很多教训的。例如，2009 年 6 月斯洛伐克通过的《国家语言法修正案》，影响了匈牙利语的地位和功能，引起了本国匈牙利族人的强烈不满，而且造成了与匈牙利国之间的严重外交冲突；近年来乌克兰的持续动荡，也与俄语的地位之争密切相关。

5.3 特殊的安全资源

语言是把双刃剑。它既可以凭借其独特性构筑安全屏障，也可以用作各种博弈的利器。在当今非传统安全领域安全问题日益突出的形势下，跨境语言的安全价值更为凸显，成为国家安全领域日趋重要的多功能要素。

众所周知，边境地区是国家安全关注的重点地带，也是不安全因素多发区域。利用跨境语言，加强与边境地区各族群众的联系，不仅有利于融洽民族关系，维护民族团结，而且有利于及时掌握有关信息，发现问题，为边民排忧解难，化解矛盾，消除各种不安定因素，维护边疆稳定。同时，利用跨境语言的便利，加强与周边国家的沟通协调，有利于邻邦之间增进互信，在治安、反恐、缉私、禁毒、军事等领域开展合作，构建安宁友好的周边环境。

从另一个方面看，跨境语言也往往是各种敌对邪恶势力用来联络勾结和宣传渗透的独特工具，不可忽视。以我国为例，在周边的某些地区，暴力恐怖势力、民族分裂势力和宗教极端势力颇为猖獗，贩毒走私、政治煽动、文化渗透和情报窃取活动比较频繁，跨境语言也成为邪恶分子秘密活动的屏障和渗透策动的工具，给地区和国家安全带来了极大威胁。因此，利用跨境语言来破解各种敌对势力的秘密、防范渗透及恐怖等各种犯罪活动、瓦解敌人队伍，对于维护国家安全具有至关重要的意义。可见，重视跨境语言的保护和利用，也是国家安全领域不可忽视的一个重要方面。

6. 待采的经济资源

丰富多彩的跨境语言资源，蕴藏着巨大的经济价值。不仅可以充分利用跨境语言优势来推动边疆经贸发展，而且还可开发跨境语言产品、语言服务和特色文化产品，发展语言经济。

6.1 发展语言服务业

区域合作的热兴和全球化发展，催生了对过去不为人重视的跨境语言的各种需求，这为发展跨境语言服务业带来了前所未有的机遇。可针对现实和未来的各种需要，开展跨境语言培训服务、翻译服务、语言文字咨询服务、文字速录服务、语言文字编辑服务、导购等商务语言服务等。这是语言经济的一个新的生长点。宁夏吴忠市有成功经验。据报道，该市 47% 以上的人口是回族，他们瞄准了阿拉伯语（以下简称阿语）人才的需求，大力培养回族青年的阿语能力，为全国不少地区提供阿语服务。2004 年以来，吴忠市先后在广州、浙江义乌和福建石狮成立了阿语人才服务管理中心或工作站，仅义乌市就有吴忠市的 1,600 多名阿语翻译。语言服务业的发展，使吴忠市很多农民脱贫致富，也促进了当地和服务地的经济发展。

6.2 开发语言成品

过去，跨境语言因不为人所重视而鲜有语言成品生产，这为跨境语言成品的开发留下了无限空间。可根据我国实施"一带一路""中国—东盟自由贸易区"等周边区域发展战略对跨境语言的需求，开发相关热点地区的语言成品，如跨境语言的字典词典等工具书、教材教辅等语言教学资源、以跨境语言为内容或工具的各种电脑应用软件以及游戏等娱乐产品、日用声控软件等语言技术产品、语料库、以跨境语言文字为装饰的文化产品和艺术品，等等。

6.3 发掘旅游资源

以跨境语言为载体的异彩纷呈的各种文学、艺术、民俗等都是取之不尽用之不竭的旅游资源宝库，可以充分发掘利用。例如各民族的戏剧、曲艺、民歌、故事、传说等等，都可打造为丰富多彩的旅游产品。

6.4 助推跨境商贸

跨境语言在促进周边商贸方面具有得天独厚的优势。据哈佛大学商学院教授潘克·基默威特研究，在其他条件相同的情况下，有着共同语言的两国之间的贸易量是语言不同国家的 3 倍（转引自潘春见 2006）。我国有学者曾对老挝"云南人"（指操云南汉语方言的华人华侨）做过调查，发现他们复杂多样的语言生活使之获得了丰富的语言资源和很强的多语交际能力，因而很多人凭借这一优势，在边境商贸中获得了成功（王仲黎 2012）。这表明，利用跨境语言优势，开展跨境商贸，可获得良好的经济效益。此外，可以预期，在互联网发展日新月异的今天，利用跨境语言发展电子商务，也充满着诱人的经济前景。

7. 结语

由上述可以看出，跨境语言是国家难得的具有多功能的综合性资源，也是战略资源，绝不可小觑。然而，现实的情况是，我们对跨境语言生态关注不够，研究不多。不仅这些宝贵的资源没有得到很好的利用，而且还出现了一些不可忽视的问题。尤其严重的是上文已经述及的，有些跨境语言活力日衰甚至濒危。正如联合国教科文组织濒危语言问题特别专家组的报告所指出的，"目前世界上大约97% 的人口使用着大约 4% 的语言，反过来就是，全世界约 96% 的语言由仅仅约

3% 的人口在使用。"（联合国教科文组织濒危语言问题特别专家组 2003）这是十分令人担忧的。"语言多样性是人类最重要的遗产。每一种语言都蕴藏着一个民族独特的文化智慧，任何一种语言的消亡都将是整个人类的损失。"因此，重视跨境语言的保护和利用，着力维护包括跨境语言在内的各种语言的活力，是国家应当高度重视的新课题，也是全人类面临的当务之急。

参考文献

戴庆厦（编），2009，《泰国阿卡语研究》[C]。北京：中国社会科学出版社。

戴庆厦，2013，漫谈跨境语言研究的方法论问题 [J]，《中国语言资源动态》（4）：5-7。

戴庆厦，2014，跨境语言研究的历史和现状 [J]，《语言文字应用》（2）：2-8。

戴庆厦、王远新，1988，论语言学和民族学的结合与发展 [J]，《中南民族学院学报（哲学社会科学版）》（1）：5-12。

段伐乐，1989，论汉语在哈尼语发展中的影响 [J]，《中央民族学院学报》（4）：81-85。

龚锦文，2003，从语言上看傣、泰、老、掸诸族的历史渊源关系 [J]，《德宏教育学院学报》（2）：7-10。

红棉树，2007，壮文简介 [OL]，http://www.rauz.net.cn/Article/faenzcieng/mboengqyienghsiengq/c/200703/179.html（2016 年 10 月 1 日读取）。

黄光成，1999，跨境民族文化的异同与互动——以中国和缅甸的德昂族为例 [J]，《云南社会科学》（2）：62-68。

黄任远，2013，赫哲绝唱伊玛堪 [N]，《中国文化报》，2013-3-29。

黄行，2013，中国周边语言研究的意义和价值 [J]，《中国语言资源动态》（4）：7-12。

黄行、许峰，2014，我国与周边国家跨境语言的语言规划研究 [J]，《语言文字应用》（2）：10-17。

李锦芳，2013，论中越跨境语言 [J]，《百色学院学报》（4）：48-55。

联合国教科文组织濒危语言问题特别专家组，2003，语言活力与语言濒危 [A]。载范俊军（编译），《联合国教科文组织关于保护语言与文化多样性文件汇编》[C]。北京：民族出版社。2006：30-53。

潘春见，2006，文化促进中国与东盟的经贸繁荣——兼论壮侗语民族的重要地位 [J]，《广西民族研究》（1）：147-156。

石硕，2010，关于藏彝走廊的民族与文化格局——试论藏彝走廊的文化分区 [J]，《西南民族大学学报（人文社会科学版）》（12）：1-6。

孙宏开，1983，川西民族走廊地区的语言 [A]。载中国西南民族研究学会（编），《西南民族研究》[C]。成都：四川民族出版社。376-398。

孙宏开，2006，少数民族语言与文化的记录和保护 [J]，《中国民族》（5）：32-33。

孙宏开，2013，再论西南民族走廊地区的语言及其相关问题 [J]，《西南民族大学学报（人文社会科学版）》（6）：27-39。

孙宏开、胡增益、黄行（编），2007，《中国的语言》[C]。北京：商务印书馆。

王仲黎，2012，老挝跨境"云南人"语言生活调查 [J]，《西南边疆民族研究》（1）：167-172。

徐世璇、廖乔婧，2003，濒危语言问题研究综述 [J]，《当代语言学》（2）：133-148。

赵相如，1987，中国印刷术西传刍议——维吾尔语 "bas"（印刷）一词源流考 [J]，《民族研究》（2）：70-81。

周庆生，2013a，中国跨境少数民族语言类型及人口状况 [J]，《中国语情》（3）：16-19。

周庆生，2013b，跨境少数民族语言概况 [J]，《中国语言资源动态》（4）：12-13。

作者简介：赵世举，博士，武汉大学文学院教授，国家语委中国语情与社会发展研究中心主任。主要研究领域：汉语词汇与语法、语言政策与规划、汉语国际传播等。电子邮箱：zsj@whu.edu.cn

（责任编辑：张天伟）

从生态与安全角度研究中国的跨境语言

教育部　语言文字应用研究所　**郭龙生**

提　要： 文章以首届和第二届跨境语言论坛研究成果为基础，结合此前其他相关文献，简要梳理了我国跨境语言现状，然后从生态与安全角度，分析了不同跨境语言的生存状态，结合周边语言文化环境，提出跨境语言发展过程中存在的问题，分析原因、提出对策，以期能够为我国当代语言规划的健康科学的发展与实施建言献策。

关键词： 生态；安全；跨境语言；问题与对策

1. 跨境语言的定义

对于"跨境语言"的定义，戴庆厦（2014）认为："跨境语言"是一个新概念。我国"跨境语言"这一术语的提出，最早见于马学良、戴庆厦（1983）的《语言和民族》一文，文中说道："跨境语言的发展问题，是值得研究的一个问题。所谓'跨境语言'，是指分布在不同国度的同一语言。"后来，这一术语在我国逐渐被引用开来。"跨境语言"这一术语能在比较短的时间内被广泛运用，而且没有发生术语的变异，说明跨境语言研究的必要性和适时性。在英文文献中，尚未发现有对应的术语，表达这一概念时则有 cross-border language、language of the cross-border ethnic groups 等说法。2014 年第 2 期的《语言文字应用》杂志上戴庆厦（2014）的《跨境语言研究的历史和现状》一文的英文题目为：The Study of Cross-border Language：Past and Present，同期还发表了黄行和许峰（2014）的《我国与周边国家跨境语言的语言规划研究》、苏金智和朴美玉（2014）的《跨境语言背景下的延边朝鲜语教学问题调查研究》。这两篇文章的英文题目分别为：Language Planning Study on Cross-border Languages of China（Huang Xing & Xu Feng），Analyzing the Korean Language Teaching in Yanbian from the Perspective of Cross-Border Ethnic Language（Su Jinzhi & Piao Meiyu）。

黄行和许峰（2014）认为：周边国家的有些语言同时分布在我国与之毗邻的边疆少数民族地区，即所谓我国与周边国家的跨境语言。

笔者在参加首届中国周边语言文化论坛（2013-12-14·北京语言大学）时宣读的论文《跨境语言与媒体语言规划》中提出：跨境语言（cross-border languages 或 languages of the cross-border ethnic groups），指处于不同国境内由同一族群所使用的同一种语言，而且这种语言除基本相同之外，其间必然在某些方面有一定的差异，且有一定数量的人在使用。在此定义之下，不同国家的英语变体则不被认为是跨境语言，因为是不同的族群在使用。只有像朝鲜族使用的朝鲜语、韩国语等类似的语言属于跨境语言。例如乌孜别克族使用的乌孜别克语和乌兹别克斯坦境内乌兹别克族使用的乌兹别克语，等等。跨境语言有的名称相同，如傈僳语在中国、泰国和缅甸都叫"傈僳语"；有的名称不同，如我国傣族的傣语，在泰国则叫泰语。有的语言跨两个国境，有的语言跨越多个国家的国境，如"独龙语"是跨中国和缅甸两个国家的语言，而"傣（泰）语"则是跨中国、越南、老挝、缅甸以及泰国等五个国家的语言。

2. 跨境语言的种类

具体到跨境语言一共有多少种，众说不一。戴庆厦（2014）认为："中国的跨境民族、跨境语言多，共有30个跨境民族、30多个跨境语言。"黄行和许峰（2014）认为："周边国家中的有些语言同时分布在我国与之毗邻的边疆少数民族地区，即所谓我国与周边国家的跨境语言。这些跨境语言总数按国内语言统计有50余种，约占我国语言总数的40%。"

我在《媒体语言中的跨境语言规划研究》（2014）一文中，参考其他文献，说明："跨境语言"这个概念，由马学良、戴庆厦于1983年首次提出，至今已经整整30年了，由戴庆厦主编的涉及多语种的首部《跨境语言研究》一书于1993年出版，至今也有20年了。但是，至今有关跨境语言的数量与种类，学界依然无法形成较为统一的意见，有的说有30多种（戴庆厦2014：3），有的说有28种（曾少波），有的说有33种（周庆生2014：12）。黄行和许峰说的50余种（2014：10），应是交叉查重之后的跨境语言数量，他们在文中列举了我国与俄罗斯、哈萨克斯坦、吉尔吉斯斯坦、塔吉克斯坦、阿富汗、蒙古国、朝鲜、韩国、越南、老挝、缅甸、泰国、印度、不丹、尼泊尔、菲律宾、马来西亚、新加坡等18个国家的跨境语言数量有133种。

3. 跨境语言的现状

3.1 跨境语言研究历史回顾

戴庆厦（2014）曾讲过：在我国，跨境语言受到重视并提到语言学分支的高度来研究，是从2006年开始的。2006年，中央民族大学"985工程"创新基地启动后，跨境语言研究立即被列入重点建设内容。2011年，在各种因素的驱动下，国家语委"十二五"科研规划根据我国语言学发展的需要，及时地将"跨境语言研究"列入重大招标项目，中央民族大学由于前期的成果积累，申报的"中国跨境语言现状调查研究"重大项目一举中标。2013年11月11日北京语言大学成立"中国周边语言文化协同创新中心"，计划全面开展周边语言文化研究。2013年11月20日，由教育部语言文字应用研究所主办，中国民族研究团体联合会、中国民族语言学会合办，广西百色学院承办的"第七届全国社会语言学学术研讨会暨首届跨境语言研究论坛"，是国内外举办的首届跨境语言研究专题会议，具有重要的里程碑意义。

2015 年 10 月 23 日至 25 日期间，由教育部语言文字应用研究所、中国民族研究团体联合会、中国民族语言学会、百色学院、玉溪师范学院联合主办，由玉溪师范学院承办的"第二届跨境语言研究论坛"暨"第五届中国云南濒危语言遗产保护学术研讨会"在云南省玉溪市玉溪师范学院隆重召开。

2014 年 12 月 5 日至 6 日，由北京语言大学主办、中国周边语言文化协同创新中心承办的"第二届中国周边语言文化论坛"在北京举行。

2015 年 11 月 6 日至 8 日，北京语言大学中国周边语言文化协同创新中心与中央民族大学中国少数民族语言文学学院在北京联合举办"'一带一路'沿线的跨境语言文化国际学术研讨会暨第三届中国周边语言文化论坛"。

2016 年 7 月 2 日，由北京语言大学和百色学院联合主办，百色学院学报编辑部和北京语言大学中国周边语言文化协同创新中心承办的"边疆语言文化暨第四届中国周边语言文化论坛"再次在百色这个红色圣地隆重召开。

3.2 跨境语言现状

跨境语言现状是个大题目。2014 年，戴庆厦曾说道："从 2006 年到 2012 年，中国社会科学出版社一共出版了《泰国万伟乡阿卡族及其语言使用现状》（2009）、《泰国阿卡语研究》（2009）、《泰国清莱拉祜族及其语言使用现状》（2010）、《老挝琅南塔省克木族及其语言》（2012）、《泰国优勉（瑶）族及其语言》（2013）、《东干语调查研究》（2013）等 6 部跨境语言系列研究专著。还有一些专著如《蒙古国蒙古族语言使用现状》《不丹国宗卡语使用现状及其研究》《泰国勉语参考语法》《河内越语参考语法》《中泰跨境苗语对比研究》等都已定稿，即将出版。"我曾经参加了戴庆厦负责的跨境语言研究重大项目的结项鉴定会，较为详细地了解了该项目的研究过程与研究成果；感觉到该类项目的研究，在出成果、出人才的同时，也使跨境语言的现状得到了日渐清晰的描绘与展现。这些都体现在对每一种跨境语言的深入具体、细致科学的本体研究中。我赞同孙宏开的观点——跨境语言研究恐怕更多的还是要先做好本体研究。不过，本文主要从语言规划、语言政策角度来考察跨境语言的情况。

正如戴庆厦（2016）在《语言战略研究》第 2 期上发表的文章《论跨境语言的和谐与冲突——以中缅景颇语个案为例》的题目中所显示的那样，目前跨境语言的生存现状是既和谐又有冲突的，和谐与冲突是针对跨境语言与有关国家的国家通用语言或者国语、官方语言以及其他民族语言之间的关系而言的。这是较为简要与高度概括的现状描述。

4. 生态的视角

4.1 生态的定义

习近平总书记曾经在不同场合谈到语言文字。习总书记于 2014 年 3 月 27 日在联合国教科文组织总部的演讲中曾讲道："如果世界上只有一种花朵，就算这种花朵再美，那也是单调的。""中国人在 2,000 多年前就认识到了'物之不齐，物之情也'的道理。""世界上有 200 多个国家和地区，2,500 多个民族和多种宗教。如果只有一种生活方式，只有一种语言，只有一种音乐，只有一种服饰，那是不可想象的。"

针对什么是"生态""生态环境""生态平衡""生态危机""生态文明""生态系统"等，目前最为权威的两本语词类工具书的定义分别为：

"生态：指生物在一定的自然环境下生存和发展的状态，也指生物的生理特性和生活习性：生态平衡。"

"生态环境：生物和影响生物生存与发展的一切外界条件的总和。由许多生态因素综合而成，其中非生物因素有光、温度、水分、大气、土壤和无机盐类等，生物因素有植物、动物、微生物等。在自然界，生态因素相互联系，相互影响，共同对生物发生作用。"

"生态平衡：一个生物群落及其生态系统之中，各种对立因素相互制约而达到的相对稳定的平衡。如麻雀吃果树害虫，同时它的数量又受到天敌（如猛禽等）的控制，三者的数量在自然界中达到一定的平衡，要是为了防止麻雀偷吃谷物而滥杀，就会破坏这种平衡，造成果树害虫猖獗。"

"生态危机：由于人类盲目和过度的生产活动，致使生态系统的结构和功能遭到严重破坏，从而威胁人类生存和发展的现象。主要表现是人口激增、资源极度消耗、环境污染等。解决生态危机的根本途径是协调人与自然的关系，达到可持续发展。"

"生态文明：人类在社会历史发展过程中所创造的一种新形态的文明，致力于形成体现节约能源资源和保护生态环境的产业结构、增长方式、消费模式，使生态环境能够随着社会发展而得到同步改善。"

"生态系统：生物群落中的各种生物之间，以及生物和周围环境之间相互作用构成的整个体系，叫作生态系统。"（中国社会科学院语言研究所词典编辑室 2012）

"生态：指一定的自然环境下各种生物的生存状态和相互关系；也指生物的生理特性和生活习性：生态环境、生态工程。"

"生态环境：影响人类与生物生存和发展的各种因素的总和。包括动物、植物、微生物和大气、阳光、水分、土壤等，它们相互联系，相互影响，共同发挥作用。"

"生态平衡：指一定的动植物群落和生态系统发展过程中，各种对立因素通过相互制约、转化、补偿、交换等作用达到一个相对稳定的平衡状态。"

"生态文明：人类在社会实践中创造的、体现社会发展进步的环境保护成果，包括节约能源资源和保护生态环境的产业结构、增长方式、消费模式等。"

"生态系统：生物群落中各种生物之间，以及生物和周围环境之间相互作用构成的整个自然系统"（李行健 2014）。

4.2 语言生态的定义

针对"语言生态"，冯广艺（2013）曾说过：语言生态（language ecology，linguistic ecology），这个术语是 Haugen 于 1971 年提出来的，他所说的"语言生态"特指"特定语言与环境之间的相互作用关系"。

结合上述有关"生态"的定义，我们认为，所谓语言生态，即指语言在自然与社会环境下的生存与发展状态及其相互关系。

4.3 语言生态的特征

（1）生态系统中的语言是多样化、多元化的

语言生态系统中的语言，其多样性与多元存在是语言生态系统客观存在与健康发展的基础与前提。

（2）生态系统中的语言是分层次、有层级的

语言生态系统中的语言是分层次存在的，是有宏观、中观与微观之别的，不是处于同一个平面上的。

（3）生态系统中的语言互相影响、互相制约

语言生态系统中，语言与语言之间的关系是互相联系、互相影响的关系。

（4）生态系统中的语言始终处在动态发展中

语言生态系统中的各种语言始终处在一个动态的发展过程之中。语言作为一种社会现象，与社会环境息息相关，始终处在动态的发展变化之中。

（5）生态系统中的语言处于激烈的竞争之中

语言生态系统中的语言竞争激烈，且语言竞争是与语言和谐紧密相连的。这里的"语言竞争是指语言功能不同所引起的语言矛盾，属于语言本身功能不同反映的语言关系。""语言竞争是语言关系的产物，是调整语言适应和协调于社会需要的手段"（戴庆厦 2006：1-6）。

（6）生态系统中的语言受制于社会客观因素

语言生态系统中语言的变化主要是由社会条件、由使用语言者的系列活动造

成的，如人口的迁移，不同民族人群的杂居、聚居，语言使用人数的增减，语言政策与规划的调整等等。

（7）生态系统中的语言受制于人的主观因素

语言生态系统中的语言都受"人"的主观制约，即"人"是影响语言生态系统的决定因素。语言生态更多受人的自主性的支配。人的语言态度、语言选择以及在语言运用中所表现出的语言能力直接影响着语言，同时也造成语言生态的改变。人是语言的动物，是语言的使用者，语言生态的发展走向如何，人起决定性作用。

（8）生态系统中的语言关系是平等与和谐的

语言生态系统中的各种语言之间的关系应该是平等和谐的关系。在一个多语的社会，没有语言平等就不会有语言和谐，就会出现语言矛盾，并进而造成民族矛盾和社会不稳定（戴庆厦 2006:1-6；冯广艺 2013:6-10）。

5. 安全的视角

安全，作为一般语词，其意是指"没有危险、平安""没有危险或不受威胁"。作为一个社会学名词，按照"百度百科"的定义，其意是指没有受到威胁，没有危险、危害、损失。安全，是人类的本能欲望。人类的整体与生存环境资源的和谐相处，互相不伤害，不存在危险、危害的隐患，是免除了不可接受的损害风险的状态。安全是在人类生产过程中，将系统的运行状态对人类的生命、财产、环境可能产生的损害控制在人类能接受水平以下的状态。其对应的英文单词为 safe、secure、safety、security 等。

传统安全威胁是随着国家的出现而发展起来的，如民族矛盾、宗教冲突、领土争端、资源纠纷、意识形态的对立等等。这些矛盾如果处理不好，就会导致国家间政治、经济、外交乃至军事上的全面对抗，直至爆发武装冲突。冷战期间世界上发生的数百场战争中，绝大多数都是由传统安全问题引起的。冷战结束后，随着世界多极化和经济全球化的不断发展，国际形势发生了深刻变化。传统安全威胁虽未完全消除，但影响相对下降，这是国际局势总体上不断走向缓和的一个重要原因。与此同时，因世界发展的不平衡，一些非传统安全因素日渐突出。除日益猖獗的国际恐怖主义威胁与南北差距日渐拉大的贫困问题外，类似亚洲金融危机的经济安全问题，黑客攻击国际计算机网络、窃取数据等信息安全问题，重大传染性疾病蔓延传播引起的公共卫生安全问题，走私、贩毒、偷渡及非法移民等跨国犯罪问题，环境恶化、生物多样性受到威胁等生态安全问题，都在非传统安全领域对世界和平与稳定构成了新的现实威胁，向全人类发起了挑战。非传统安全威胁的特点有：一是跨国性；二是威胁来源不确定；三是突发性强；四是相互转化。

2014 年 4 月 16 日，习近平总书记主持召开中央国家安全委员会第一次会议时强调指出，要树立"总体国家安全观"："坚持总体国家安全观，以人民安全为宗旨，以政治安全为根本，以经济安全为基础，以军事、文化、社会安全为保障，以促进国际安全为依托，走出一条中国特色国家安全道路"（习近平2014：1）。

那么，跨境语言所涉及的安全因素，目前还只是非传统安全的威胁，但是，也不排除因语言之间的冲突加剧而上升到传统安全威胁，需要用军事手段来解决的地步。因此，需要加紧从生态与安全角度来研究跨境语言，尽早解决由跨境语言带来的一系列国际问题。

6. 跨境语言存在的问题

周明朗（2015：31-47）曾在讨论"语言意识形态和语言秩序的'真空'区"时指出：当前导致"真空"区的最主要原因是顶级语言向自己的语言秩序内的跨境语言社区传播所遇到的障碍。这些障碍主要表现在以下三个方面：第一，国民教育的失利，在跨境语言社区没有能够成功地展开顶级语言和次级语言双语教育，没有能够成功地培养众多的双语人……第二，语言秩序向心力过强会导致跨境语言社区主流文化的缺失。目前中国的跨境语言社区还有相当多的群众不懂国家通用语言文字，依赖跨境语言交流……他们常常通过跨境语言从境外获得文化生活的补充。第三，顶级语言无法满足自己的语言秩序内跨境语言社区的宗教生活需求。主流社会没有宗教生活，顶级语言也不用于宗教语域，所以跨境语言社会的宗教生活通常依赖跨境语言。若跨境语言社区的宗教生活所需的语言文字用品在境内不生产，该区必然会从境外寻求替代品补充。

语言秩序的"真空"区若被境外语言跨境填补，会产生一些对维护该语言秩序和国家利益不利的后果。第一，因为跨境交流增强，跨境族群认同会得到增强。第二，因为对方跨境满足了另一方文化生活的需要，跨境文化认同会日益加强。第三，顶级语言因功能障碍而不能充分为跨境语言社区的群众服务，这些群众对国家通用语言的认同会被淡化。第四，因为国家的意识形态、意志、法律、各项功能等既不能通过国家通用语言传播，又不借助于跨境语言传播，跨境语言社区群众的国家认同无疑会被弱化（周明朗2015）。

黄行和许峰（2014：9-17）认为，境内外相同民族语言的地位规划比较可以反映出以下问题：语言活力低、等级有待提升，我国的民族语言对境外相同语言影响甚微……例如国内民族地区民族语言广播电视媒体普遍趋同境外语言的语音语体风格。

戴庆厦（2016：47-52）认为，跨境语言的和谐和冲突是跨境语言客观存在的规律，所在国的语文方针政策若能符合跨境语言的实际特点和演变规律，就能促进和谐因素的发展，并能化解或减少矛盾，互补互利。国境线两侧的跨境语言，既要受本国语文方针政策的制约，服从主权国家的总利益，又要有利于跨境语言的和谐互补。跨境语言是一种资源，处理得好，有利于两侧民族的和谐发展和稳定安全；处理不好，对民族发展、国家安全会产生负面影响。

综上所述，跨境语言的存在与发展，既有利于该语言所在国家与地区的人文交流与发展，同时也会因该语言所在国家与地区内其他社会、文化、政治、经济、教育、科技、宗教等诸多因素之间的歧异而产生一系列问题。这些问题需要在研究过程中认真对待，并加以分析研究，找出解决问题的方法，以便使跨境语言的存在与发展能够为其所存在的国家与地区的社会发展有所助益。

7. 结语：应对之策

针对跨境语言中所存在的种种问题，为避免因跨境语言而威胁到国家的安全、民族的团结、文化与经济的健康发展等，特提出如下应对之策：

（1）增强危机意识，加大支持跨境语言研究力度。在中国周边国家外交政策调整与贸易交往中，跨境语言及其研究理应得到应有的重视。有关部门应树立危机意识，加大对跨境语言研究与传播的各方面的投入。

（2）加大投入，培养专业人才队伍，利用跨境语言研究成果，进一步提升跨境语言研究服务国家大局的能力。

（3）科学规划国内跨境语言，并与相关国家与地区展开密切合作，提升当前跨境语言的生存、发展与研究的质量与水平，为构建和谐语言生活服务。

参考文献

Haugen, E. 1972. The ecology of language [A]. In Anwar Dil (ed.). *The Ecology of Language: Essays by Einar Haugen* [C]. Stanford: Stanford University Press. 325-339.

戴庆厦，2006，语言竞争与语言和谐 [J]，《语言教学与研究》（2）：1-6。

戴庆厦，2014，跨境语言研究的历史和现状 [J]，《语言文字应用》（2）：2-8。

戴庆厦，2016，论跨境语言的和谐与冲突——以中缅景颇语个案为例 [J]，《语言战略研究》（2）：47-52。

冯广艺，2013，《语言生态学引论》[M]。北京：人民出版社。

郭龙生，2014，媒体语言中的跨境语言规划研究 [J]，《文化学刊》（2）：5-11。

黄行、许峰，2014，我国与周边国家跨境语言的语言规划研究 [J]，《语言文字应用》（2）：9-17。

李行健（编），2014，《现代汉语规范词典（第 3 版）》[Z]。北京：外语教学与研究出版社、语文出版社。1175-1176。

马学良、戴庆厦，1983，语言和民族 [J]，《民族研究》（1）：6-14。

苏金智、朴美玉，2014，跨境语言背景下的延边朝鲜语教学问题调查研究 [J]，《语言文字应用》（2）：18-26。

习近平，2014，坚持总体国家安全观 走中国特色国家安全道路 [N]，《人民日报》，2016-4-6。

中国社会科学院语言研究所词典编辑室（编），2012,《现代汉语词典（第6版）》[Z]。北京：
　　　商务印书馆。1163。

周明朗，2015，跨境语言关系动力学 [A]。载苏金智、卞成林（编),《跨境语言与社会生活》
　　　[C]。北京：商务印书馆。31-47。

周庆生，2014，中国跨境少数民族语言类型 [J],《文化学刊》（3）：12-17。

作者简介：郭龙生，教育部语言文字应用研究所研究员，中国社会科学院研究生
院教授、博士生导师。主要研究领域：语言政策与规划、媒体语言研究。电子邮
箱：qinglongyizhu@263.net

（责任编辑：曹佳）

主持人语

　　"一带一路"倡议的提出对我国及沿线国家的政治、经济以及文化产生了重大的影响。在互联网大时代，信息的传播需要新闻报道的助力。随着"一带一路"倡议的提出和相关建设的推进，有关"一带一路"的新闻报道数量猛增，尤其是国内外的互联网和移动网络新媒体针对"一带一路"的新闻报道更是铺天盖地。从媒体报道的角度来看"一带一路"的侧重点，进而推动"一带一路"建设的纵深发展，也是语言在社会服务方面不可或缺的重要内容。本栏目侧重于从新媒体有关"一带一路"的报道数据统计分析以及特殊领域——旅游新闻报道的角度来研究媒体报道语言特点，此外，本专栏也对"一带一路"沿线中亚国家的语言政策和语言生态进行述评，以此带动"一带一路"倡议下的语言应用研究发展。

（中国传媒大学　邢　欣）

新媒体报道数据中的"一带一路"[*]

中国传媒大学 文法学部　邢　欣　李　影

提　要：文章以新媒体报道为对象，通过对"一带一路"新媒体报道的数据统计，考察媒体在相关报道上的特点，以及报道背后所反映的"一带一路"建设的特点。在总体统计说明的基础之上，文章结合"五通"建设，从政策法规、经济建设、文化交流以及节日习俗等四个方面对新媒体报道的数据进行了分类统计，并根据统计结果简要分析了各类报道在词语选用上的特点。

关键词："一带一路"；新媒体；报道；数据分析

1. 引言

2013年9月和10月，中国国家主席习近平在出访中亚和东南亚国家期间，先后提出共建"丝绸之路经济带"和"21世纪海上丝绸之路"（以下简称"一带一路"）的重大倡议，这一倡议作为中国政府提出的以经济发展带动世界各国繁荣和谐的新远景和行动纲领，从提出伊始就受到了国内媒体的高度关注，出现了大量与"一带一路"相关的报道。这些报道不仅为普通受众了解"一带一路"打开了一扇窗口，而且还为各个领域有志于参与"一带一路"建设的集体或个人提供了有益的信息，为进一步交流提供了有力保障。因为媒体报道在"一带一路"建设中发挥的宣传、服务作用，目前已有一些研究围绕"一带一路"的新闻报道展开（例如，艾克热木江·艾尼瓦尔等2015；廖杨标2015；覃倩2015；徐书婕2015；郑华等2016）。从报道数据出发，对有关"一带一路"的新媒体报道进行研究，不仅可以对新媒体报道"一带一路"的总体趋势和倾向性有较为直观的认识，而且还可以透过报道了解"一带一路"建设本身的具体发展情况。

2. 国内新媒体"一带一路"总体报道数量

随着"一带一路"倡议的提出和相关建设的推进，有关"一带一路"的新闻报道数量猛增，国内外的互联网和移动网络新媒体针对"一带一路"的新闻报道更是铺天盖地。所谓网络新闻，是指一种新的语言方式，它突破了传统新闻的传播方式，以网络为载体，在大众传播方面给予新闻接收者以新的体验。凭借时效性和便利性，网络新闻已经成为当代人们接收信息的重要途径。"一带一路"倡议提出后，对于相关政策的解读以及区域之间合作的介绍说明也借助网络媒体如火如荼地展开了。通过对百度、人民网、新华网、网易新闻等9大互联网站含有关

* 本文系国家语委2015年度重大项目"'一带一路'核心区语言战略研究"（项目编号：ZDA125-24）以及新疆维吾尔自治区普通高等学校人文社会科学重点研究基地中亚汉语国际教育研究中心"中亚汉语教学史研究"（项目编号：XJEDU040714B03）的阶段性研究成果。

键词"一带一路"文本内容的检索统计，我们发现国内互联网媒体在2015年6月至2016年3月近十个月的时间内有关"一带一路"的新闻报道量已经非常庞大，可见媒体对"一带一路"的关注与政府的倡议相一致。根据统计，百度、新华网和网易新闻三大引擎搜索出的全网"一带一路"新闻报道总数均在两百万条以上；人民网在各个新闻媒体中报道数量排行第一[1]。同时，通过对核心区新疆的主要地方网站天山网的统计可知，这一时间段内网站报道数量约有700篇。尽管比全国性网站少许多，但也能看出地方媒体，特别是处于核心区的媒体对"一带一路"的关注程度。数量统计见表1[2]。

表1 "一带一路"总体报道数量统计

网站名称	文中含有"一带一路"关键词的数量／（篇）
百度（全网）	4,550,000
新华网（全网）	4,780,000
网易新闻（全网）	2,110,000
人民网	73,700
凤凰新闻	24,000
腾讯新闻	24,400
搜狐新闻	20,400
新浪新闻	28,600
天山网	700

同时，以"一带一路"为关键词检索报道标题和文章，发现在相关报道中，"一带一路"作为关键词主要以出现在文中的情况更为常见。根据统计，百度刊载的含有"一带一路"的新闻文本数量约有4,550,000篇，含有"一带一路"的标题数量约有1,500,000条；人民网刊载的含有"一带一路"的新闻文本数量约有73,700篇，含有"一带一路"的标题数量约有8,200条；搜狐新闻刊载的含有"一带一路"的新闻文本约有20,400篇，含有"一带一路"的标题约有5,300条；新浪新闻刊载的含有"一带一路"的新闻文本数量约有28,600篇，含有"一带一路"的标题约有500条。文本和标题具体统计分析见表2。

1 此处人民网搜索出的结果均来自人民网报道，而百度、新华和网易则是整个网络上的搜索结果。

2 统计数据来自中国传媒大学2012级硕士胡悦的硕士毕业论文《"一带一路"视域下的节日民俗报道语言研究》。统计截取时间自2015年6月14日至2016年3月25日。由于媒体发布的新闻数量十分庞大，统计时我们采用模糊处理。

表2 含"一带一路"的文本和标题数量统计[1]

网站名称	全文数量（新闻文本中含有"一带一路"）/篇	标题数量（标题含有"一带一路"）/条
百度（全网搜索）	4,550,000	1,500,000
人民网	73,700	8,200
搜狐新闻	20,400	5,300
新浪新闻	28,600	500

3. 四大领域报道数量统计

2015年3月中国国家发改委、外交部、商务部联合发布了《推建丝绸之路经济带和21世纪海上丝绸之路的愿景与行动》（以下简称《愿景与行动》），全面勾勒了"一苻一路"建设的原则、框架思路、合作重点、合作机制等内容。文件明确提出共建"一带一路"主要是做好"五通"建设，即要实现沿线国家和地区间的政策沟通、设施联通、贸易畅通、资金融通以及民心相通。为此，笔者结合"一带一路"倡议"五通"建设的需要，分四个方面对几大互联网媒体有关"一带一路"新闻报道的数据进行统计。这四个方面分别是政策法规、经济建设、文化交流和节日习俗，其中政策法规方面的报道主要体现了政策沟通的需要，经济报道反映了目前"一带一路"建设在设施联通、贸易畅通和资金融通方面的推进情况，而文化交流和节日习俗报道则主要体现了民心相通在"一带一路"建设中的重要作用。

3.1 政策法规报道中的数据[2]

笔者选取了具有代表性的3个网站自2013年9月7日至2016年2月8日期间的数据进行了统计。第一个选取的是人民网，人民网是国家重点新闻网站，坚持以"权威性、大众化、公信力"为宗旨[3]，在国内具有较高影响力。这也是我们选取人民网作为统计对象的原因。据统计，与"一带一路"政策沟通相关的报道共2,828篇，占报道总篇数的12%。通过对两年多的报道统计可以看出，人民网对"一带一路"政策法规的关注度不算低。第二个网站是在核心区新疆具有代表性的地方网站天山网，通过对天山网的数据统计，发现有关"一带一路"政策法规报道共有97篇，占报道总数的6.6%；天山网担负着维护区域稳定，宣传报道民族团结及民生发展的艰巨任务，因此对"一带一路"政策法规的报道数量也不算低。第三个网站是代表了新媒体的澎湃新闻。澎湃新闻以网页、手机客户端等形式发布新闻，是完全依赖

---

1 统计数据来自中国传媒大学2012级硕士胡悦的硕士毕业论文《"一带一路"视域下的节日民俗报道语言研究》。

2 统计数据来自中国传媒大学2012级硕士许文超的硕士毕业论文《"一带一路"视域下的政策法规报道语言研究》。

3 来自百度百科。

互联网发展起来的新兴媒体。笔者认为澎湃新闻代表了新闻媒体发展的新方向。据统计，澎湃新闻与"一带一路"有关的报道共有 1,412 篇，其中政策法规报道共有 429 篇，占报道总量的 30.4%。通过对三大媒体的统计，可以看出新媒体对政策法规报道的关注度更高。同时，由于近些年微信公众号发展迅速，笔者也对具有代表性的微信公众号进行了数据分析，选取的是以报道塔吉克斯坦为主的塔吉克微信公众号[1]，以报道哈萨克斯坦为主的"哈萨克斯坦资讯"微信公众号和以报道乌兹别克斯坦为主的"乌兹别克斯坦环球零距离"微信公众号。由于微信公众号的报道内容互转的较多，所以这三个微信公众号基本可以代表与中亚地区有关的微信公众号的报道趋势。在"tjk"（塔吉克）微信公众号中与"一带一路"政策相关的报道共 10 篇，约占报道总篇数的 15.9%；在"哈萨克斯坦资讯"中，与"一带一路"政策相关的报道为 43 篇，约占报道总数的 21.0%；在"乌兹别克斯坦环球零距离"中，与"一带一路"政策相关的报道为 33 篇，约占报道总数的 19.3%。由此看出在微信公众号中政策法规报道所占比例也不低。

3.2 经济建设报道中的"一带一路"数据[2]

"一带一路"倡议的核心是经济发展，经济领域对"一带一路"的推进起到了至关重要的作用。对经济领域报道数据的统计可以反映出"一带一路"的发展走向。为此我们选取了新华网、光明网和天山网三个具有代表性的网站作为报道数据统计的来源。新华网是由国家通讯社新华社主办的新闻信息服务门户网站，是最具影响力的中文网络媒体之一；光明网依托《光明日报》的传统优势，在广大用户中也具有较大的影响力；天山网是新疆地区的门户网站，对用户了解核心区新疆的情况也具有重要参考意义。据统计，自 2015 年 7 月至 2015 年 12 月，新华网发布的经济领域报道共有 278 篇，占报道总量的 84.8%；自 2014 年 7 月至 2015 年 12 月，光明网发布的报道共有 493 篇，占报道总量的 90.3%；自 2015 年 6 月至 2015 年 11 月，天山网发布的报道共有 117 篇，占报道总量的 22.4%[3]。可见经济报道在三大网站占比都比较高，特别是在新华网和光明网这样的全国性网络平台上，经济领域的报道比例更高。

3.3 文化交流报道中的"一带一路"数据[4]

从文化领域对"一带一路"的报道可以看出"一带一路"民心相通建设的方

---

1 塔吉克微信公众号的名称是"tjk"，即"塔吉克"汉语拼音的首字母缩写。

2 统计数据来自中国传媒大学 2012 级硕士孙晓娜的硕士毕业论文《"一带一路"视域下的经济新闻语言研究》。

3 由于经济领域的报道数量非常庞大，为了便于分析，我们对这一部分的数据只截取了部分时间段。

4 统计数据来自中国传媒大学 2012 级硕士杨佳琳的硕士毕业论文《"一带一路"视域下的文化交流报道语言研究》。

向和愿景。笔者选取了人民网中《人民日报》和《人民日报》海外版两个版块进行了统计。自 2014 年 1 月 1 日至 2016 年 3 月 10 日,在关于"一带一路"文化交流的报道中,两个板块聚焦境内的报道与境外的报道数量相差不大,聚焦境内的报道总数为 111 篇,聚焦境外的报道数量为 93 篇。根据统计,《人民日报》及海外版关于"一带一路"文化交流报道的数量呈现出逐年增加的趋势。2014 年全年,关于"一带一路"文化交流报道的总数量只有 25 篇;而 2015 年,文化交流报道数量已上升至 138 篇,大约每三天就有一篇关于"一带一路"文化交流方面的报道,自 2016 年 1 月 1 日至 3 月 10 日,不到三个月时间就已刊载了 41 篇与文化交流相关的报道。同时,报道的重点也在发生变化,从 2014 年"一带一路"文化交流报道开始兴起,报道内容多为博览会、研讨会、论坛等涵盖面广、新闻报道性强的内容,到 2015 年,报道内容前五名出现了艺术性强、表现力强的歌舞剧,再到 2016 年伊始与生活接轨,出现了春节报道等和普通百姓生活息息相关的内容。随着时间的推进,文化交流报道的主题在不断变化,在不断向艺术性强、具有亲和力、生活气息浓的选材倾斜。

3.4 节日习俗报道中的"一带一路"数据[1]

作为"丝绸之路经济带"核心区的新疆,跨境民族、跨境语言较多,地缘优势和语言优势明显。这些跨境民族相互之间的语言基本相通,有着相近的民族情感和心理。如果能够充分发挥这一优势,就能更高效地为"一带一路"五通建设服务。为此,笔者统计了 2010 年 4 月至 2016 年 3 月这一时间段内人民网和微信公众号关于"一带一路"沿线国家节日习俗的报道数量。以"新疆""节日"两个关键词进行搜索,人民网报道标题中含有以上两个关键词的新闻报道共计 1,292 篇。据统计,与"一带一路"其他方面的报道相比,文化习俗、传统节日的报道数量相对较少,人民网每年报道数量大约在 200 篇左右,且报道数量并未因"一带一路"倡议的提出而出现大幅度的增长。同时,根据统计,微信公众号对节日习俗的报道比例也非常低,在所搜集的 7 个微信公众号中,节日习俗的报道量都未超过报道总量的5%。这说明节日习俗跟"一带一路"沿线人民生活息息相关,并不以经济增长为依托,而节日和习俗是有限的,报道主要集中在介绍"一带一路"沿线国家共同的节日习俗上,每年有关节日习俗的报道数量基本保持一致。

上面的数据说明"一带一路"新闻报道基本上涵盖了"一带一路"五通建设的各个方面,但是各个领域的报道数量占比差异比较大,总体来看,目前有关"一带一路"的报道还主要集中在经济领域,其次对政策法规报道在相关报道中的占比也较高,而对文化交流以及节日习俗的报道占比都相对较低。

---

1 统计数据来自中国传媒大学 2012 级硕士胡悦的硕士毕业论文《"一带一路"视域下的节日民俗报道语言研究》。

4. 从报道数据看四大领域报道的用词特点

通过对"一带一路"相关报道的分析，我们发现关于"一带一路"倡议的专有名词在各领域报道中的出现频率都非常高，例如"一带一路""核心区""丝绸之路经济带""21世纪海上丝绸之路""新丝路""丝路精神""丝路基金""中巴经济走廊"等。同时，由于报道领域不同，各个领域的报道在词语选用上又不尽相同。根据对不同领域报道，特别是报道标题用词特点的分析，我们得出了不同领域报道在词语选用上的一些特点。

4.1 政策法规报道

根据报道内容，政策法规报道主要可以分为三类，即刊载的政策法规原文、对政策法规的解读以及对政策法规的评述。通过对新闻标题用词特点的统计分析，我们发现政策法规报道中的特色词语以动词性词语居多，但是因为报道内容侧重不同，在选取具体动词时，这类报道内部也表现出很大不同。同时，将政策法规原文作为主要内容的报道标题中还常使用"指南、公告、全文"等名词性词语；在对政策法规进行解读的报道标题中常出现副词"将、终将、可、或"以及疑问代词"什么"；在对政策法规进行评述的报道标题中常使用"巨大、深远、伟大、重大"等表达正面积极意义的形容词。具体分析结果见表3。

表3　政策法规报道中的特色词语

	政策法规原文	政策法规解读	政策法规评述
动词性词语	发布、公布、制定、提出、印发、出台、出炉、梳理	说透、可能、预测、聚焦、应、要、需、愿、希望、冀、不能、须、亟须、计划、规划、欲、拟助力、助推、助、掘金、对接、抢筹、抢跑、抢抓、布局、力拓、力推、构筑、力促、服务、推进、跟进、融入、融进、共建、建立、巧抓、谈、解析、称、热议、预计、有望、详解、预期、怎么看	深化、推动、引领、促进、升温、激活、造福、焕发、助力、带热、带火、带动、富有
名词性词语	指南、公告、全文		
形容词性词语			美好、密切、巨大、深远、伟大、重大、宏伟、丰厚
副词性词语		将、终将、可、或	
疑问代词		如何	

4.2 经济建设报道

经济领域报道标题中的标记词主语包括动词性词语和名词性词语两类，其中动词性词语根据是否仅仅出现在经济领域报道中又可以分为两类，包括在经济领域报道中能够直接体现经济活动的动词性领域标记词，以及在经济领域报道中出现频率较高但并不仅限于经济领域报道的动词性词语。根据分析，后一类动词性词语在经济领域报道中出现的更多，例如"互利、双赢、开放"等。与动词不同，经济领域报道中出现较多的名词性领域标记词以经济领域的专业名词为主，例如"证券、大盘、投资"等。具体分析结果见表4。

表 4　经济报道中的特色词语

动词性词语	经济领域专用	贬值、增值、出口、上市、创业、加息、中标、资产配置
	不局限于经济领域	互利、双赢、共建、开放、开创、打造、推进、助力、助推、推动、引领、提升、决胜、加速、加快、加大、借助、借力、扩大、发力、促进、对接、增强、增速、激发、抢、抓
名词性词语		QDII（合格境内机构投资者）额度、制造业、第二产业、内资、中资企业、金融、牛股、A股、牛市、GDP（国内生产总值）、股东、物流、订单、外向型经济、外汇、商机、产品、电商、全资、外资、内需、汇率、市场、资本、产品、行业、业务、交易、物联网、民企、中国制造、基金、证券、大盘、投资、银行、分行、人民币、贸易

4.3 文化交流报道

文化交流主要为民心相通服务，与政策法规、经济建设等方面更多偏重客观事实的报道相比，文化交流报道更注重以形象生动的语言描写介绍报道对象，吸引读者注意力。根据对文化交流报道标题的分析可以看出，这类报道标题中常使用一些感情色彩强烈的动词性词语，例如"惊艳、扮靓"等，以及具有象征意义的名词性词语，例如"窗口、名片、新品牌"等。同时，与其他领域报道的标题相比，文化交流报道标题中形容词性词语的使用也较多，例如"新、好、辉煌、多彩"等。具体分析结果见表5。

表 5　文化交流报道中的特色词语

动词性词语	闪耀、架起、灌溉、聆听、吸睛、尽显、相约、邂逅、舞动、奏响、叫好、叫座、亮相、惊艳、扮靓、铸造、牵手、生发、挥写
名词性词语	窗口、名片、文化桥、文化桥梁、新品牌、伙伴、雨点儿、中国风、友谊颂、千年瓷都、蓉城、丹青手、黄金廊道、黄金时代、壮丽画卷、友谊纽带、文化之魂、金字招牌
形容词性词语	大、新、好、美、亲、近、重要、辉煌、鼎盛、靓丽、经典、圆满、精彩、多彩、欢快、烂漫

4.4 节日习俗报道

与其他领域的报道相比，节日习俗报道中音译词和新疆方言词的出现频率更高，这反映出节日习俗作为民生的重要组成部分在"一带一路"沿线国家和地区的重要地位。报道中的音译词主要涉及节日、食物、服饰、乐器等方面，这些词既包括完全音译的，例如"热瓦普（乐器）、买赛（服饰）"，也包括音译加意译的，例如"古尔邦节、格吉德馕"。同时，在这类报道中常出现新疆方言词，特别是以"子"作为后缀的名词最为常见。具体分析见表6。

表6　节日习俗报道中的特色词语

音译词	节日	皮里克节、古尔邦节、纳乌鲁孜节、肖贡巴哈尔节、开斋节
	食物	包尔萨克、吉尼特、胡热达克、湿胡热达克、托喀西馕、格吉德馕、果西格尔德馕、艾麦克馕、奥尔馕、阿依馕、扎克尔馕、玛依馕、果西馕、库麦西馕、喀特拉玛馕、希尔曼馕、乌加克馕、阿克馕、皮特儿馕、恰皮塔馕
	服饰	袷袢、买赛、吐玛克、库勒塔、喀拉西、玉吐克
	乐器	热瓦普、独塔尔、冬不拉、弹布尔、布拉孜阔木、达甫
	其他	拜德尔汗、阿訇、都瓦、蓝盖力
方言词	含后缀"子"	儿娃子、凉皮子、拉条子、米肠子、面肺子、米肠子、肝子、油塔子、丫头子们
	其他	攒劲、劳道、尕尕的、歹、歹歹的、儿子娃娃

通过分析可以看出，媒体针对"一带一路"的报道涉及不同领域，因而在选词上呈现出不同特色。与政策法规、经济建设等方面的报道相比，主要为民心相通服务的文化交流报道在词语选用上更倾向于选择感情色彩强烈的词语以激发读者的阅读兴趣。同时，在节日习俗报道中，大量音译词和新疆方言词的使用也反映出了节日习俗在"一带一路"沿线国家和地区人民日常生活中的重要地位，凸显了地域文化特色。

5. 结语

从数据出发对媒体有关"一带一路"的报道进行分析，不仅可以使我们清楚认识到目前媒体对这一倡议报道的总体趋势，而且可以帮助我们梳理"一带一路"不同领域报道的具体特点。这些数据在反映媒体报道倾向性的同时，还体现了目前"一带一路"倡议的重点建设内容和发展趋势，对于我们了解"一带一路"报道自身的特点以及"一带一路"倡议的核心内涵都具有十分重要的意义。

参考文献

艾克热木江·艾尼瓦尔、朱卉、张允，2015，主流媒体报网互动：关于"一带一路"的新闻报道研究 [J]，《新闻研究导刊》（23）：17-23。

廖杨标，2015，对外经济新闻报道框架分析——基于《人民日报》海外版"一带一路"报道的内容分析 [J]，《传播与版权》（11）：171-172。

覃倩，2015，"丝绸之路经济带"国际传播探索 [J]，《中国广播电视学刊》（8）：79-82。

徐书婕，2015，新媒体语境下主流媒体的责任担当——以人民日报"一带一路"报道为例 [J]，《新闻战线》（13）：73-74。

郑华、李婧，2016，美国媒体建构下的中国"一带一路"战略构想——基于《纽约时报》和《华盛顿邮报》相关报道的分析 [J]，《上海对外经贸大学学报》（1）：87-96。

作者简介： 邢欣，博士，中国传媒大学文法学部教授。主要研究领域：对外汉语教学、双语教育、现代汉语语法、社会语言学等。电子邮箱：xingxin1202@163.com

李影，中国传媒大学文法学部博士生。主要研究领域：对外汉语教学。电子邮箱：amberliying@sina.cn

（责任编辑：李艳红）

旅游新闻报道语言中的"一带一路"*

中国传媒大学 文法学部/喀什大学 外国语学院　**张美涛**

中国传媒大学 文法学部　**许田田　邢　欣**

提　要： 随着"一带一路"的不断推进，旅游新闻报道如火如荼地涌现。一方面，旅游新闻报道对旅游产业具有重大影响，它可以推动"一带一路"旅游的发展。另一方面，"一带一路"倡议的提出也可以为国内外旅游产业的发展提供诸多良机。本文以国内五大网站和八个微信公众号有关旅游新闻报道中与"一带一路"旅游相关的热点词为分析内容，对报道的数量、涉及的区域、境内外报道的不同角度等方面进行量化分析。研究结果将助于我们了解"一带一路"新闻报道的特征及不足。

关键词： "一带一路"；热点词；旅游新闻报道；量化分析

1. 引言

　　"一带一路"倡议的提出对我国及沿线国家的政治、经济以及文化产生了重大的影响。在互联网大时代，信息的传播需要新闻报道的助力，旅游新闻的报道对"一带一路"背景下旅游业的发展具有推动作用（邹统钎 2015）。首先，从"一带一路"倡议看，旅游在其中发挥着先导性作用（宋瑞 2015）。能够认识沿线国家的人民、了解他们的风俗文化并与之建立起彼此友好、彼此信任的关系，这要求我们先走出去，发挥旅游的先锋作用。如何促进境外旅游业的发展，媒体旅游新闻报道的作用不容小觑。其次，从旅游角度来说，国际旅游市场的发展与旅游新闻报道有着密不可分的联系，后者的影响也是多方面的。无论是境外旅游中的吃、住、行、游、购、娱等，还是国际事件、当地政策变化等方面，旅游新闻报道都会对旅游市场产生若干影响。

　　旅游新闻报道对"一带一路"的推进起到重要影响，而对旅游新闻报道数据的统计则可反映出"一带一路"的发展走向。为此，我们选取了具有代表性的官方媒体客户端（如光明网、新华网、中新网、天山网等）、门户网站客户端——搜狐网，以及新兴的自媒体客户端——微信公众号，作为报道数据统计的来源。以上所选网站都是具有影响力的中文网络媒体，在广大读者和网民中具有较大的影响力。天山网虽然是新疆地方性的门户网站，但对用户群体了解核心区新疆的情况也具有重要参考意义。我们着重分析自"一带一路"倡议提出以来在以上五大网站和与中亚国家相关的微信公众号中报道里出现的热点词，并从大数据上统计了 2015 年 3 月 31

---

* 本文系国家语委2015年度重大项目"'一带一路'核心区语言战略研究"（项目编号：ZDA125-24）、新疆维吾尔自治区普通高等学校人文社会科学重点研究基地中亚汉语国际教育研究中心"中亚汉语教学史研究"（项目编号：XJEDU040714B03）的阶段性研究成果。

日至 2016 年 3 月 31 日这一期间的旅游新闻的报道数量，进而从报道分布区域、报道角度等进行量化分析，研究旅游新闻报道中的"一带一路"。

2. 媒体报道语言中的"一带一路"热点词

经过对"一带一路"旅游新闻报道考察后发现，自"一带一路"倡议提出以来，旅游报道紧随国家倡导，对国家、政府就旅游产业所做的新部署及时进行了大量报道，报道中与"一带一路"相关的热点词大量出现。我们针对这些热点词的由来及词频进行了分析，具体统计如下表。

表 1 与"一带一路"相关的旅游热点新词统计（自"一带一路"倡议提出以来）

热点新词	新词由来		词频
"丝绸之路旅游年"	在国家旅游局支持倡议下将 2015–2016 年的年度旅游宣传主题定为"丝绸之路旅游年"。		45
"丝绸之路旅游推广联盟"	2016 年 6 月 15 日在甘肃省嘉峪关市提出。		31
"'一带一路'城市旅游联盟"	地方性旅游联盟	2015 年 10 月，由河南旅游局、开封市共同牵头，30 余家"一带一路"沿线城市参与。	18
"海上丝绸之路旅游推广联盟"		2015 年 5 月，国家旅游局、福建省旅游局牵头，10 余省市加入。	27
"丝绸之路旅游""畅游丝绸之路""海丝旅游"	旅游宣传标语	由"陆上丝绸之路"及"海上丝绸之路"而来。	40
"海丝旅游核心枢纽"	根据地方优势特点的旅游定位	2014 年福建省的旅游定位。	37
"旅游特区"		2015 年海南省的旅游定位。	23
"黄金旅游带"		2016 年，黑龙江、辽宁、甘肃、山东、重庆、湖北、湖南等根据区域特色打造本区域的"黄金旅游带"。	39
"丝绸之路经济带'一心一地'"		2015 年 2 月，第二次中央新疆工作座谈会明确提出：把新疆建设成为丝绸之路经济带旅游集散中心、把南疆建设成为丝绸之路文化和民俗风情旅游目的地。	25

我们对以上表格中的新词语进行了分类，注明了来源、词频。不难看出，为响应"一带一路"倡议，各地区根据当地资源优势和特色，出台相应的对策推进丝绸之路旅游的发展。他们不仅组织编制丝绸之路规划，打造丝绸之路旅游产品，

还积极进行旅游领域的宣传推广工作，因此在新闻报道中与"一带一路"旅游有关的新词大量涌现。这些含有热点词的报道与宣传使得民众能够了解到"一带一路"旅游发展的最新动向，并为民众了解、参与"一带一路"旅游建设打开了一扇窗口。

3. 五大网站报道数据量化分析

随着"一带一路"倡议的不断实施与推进，旅游新闻报道篇数不断增加，体现了新闻报道的与时俱进性、与国家宏观战略共进退的特点。我们统计了自 2015 年 3 月 31 日到 2016 年 3 月 31 日期间新华网、光明网、中新网、搜狐网、天山网等五家网站有关"一带一路"旅游新闻报道篇数，统计数据如下：

表 2　五个网站旅游新闻报道数据统计

网站 ＼ 报道内容（条）	"一带一路"新闻篇数	"一带一路"旅游新闻篇数	"一带一路"旅游新闻篇数占总篇数比例
新华网	4,610,000	78,600	1.7%
光明网	18,105	4,448	24.6%
中新网	13,473	2,150	16.0%
搜狐网	328,900	23,759	7.2%
天山网	170	16	9.4%

从以上数据可以看出，媒体关于"一带一路"的新闻报道数量庞大，而每家网站就"一带一路"旅游新闻报道的数量上有所差别。如表 2 所示，光明网的"一带一路"新闻报道数量与新华网的报道数量相差悬殊，但就"一带一路"旅游新闻的报道数量而言，光明网报道所占比例最大，接近 25%；而新华网报道所占比例排在五大网站最后，在新华网数量庞大的新闻报道当中，旅游方面的新闻报道所占比重较低，约为 1.7%。；中新网旅游新闻所占比例位于光明网之后，排第二，约为百分之 16%；天山网排第三，所占比例约为 9.4%；搜狐网排第四，所占比例约为 7.2%。综上，网站的报道内容丰富多彩，而且每家网站报道的侧重点或报道焦点不尽相同，因此，在"一带一路"旅游新闻的报道数量上体现了不同的比重。

4. 旅游报道区域分布统计

4.1 旅游报道各大洲分布统计

据统计，在国内境外旅游新闻报道中，涉及世界各大洲的报道分布如图 1 所示：

从图 1 可以看出，旅游新闻报道在世界各大洲的分布并不均衡。亚洲居于第一位，约占 39%，报道主要集中在东亚的日、韩两国及东盟国家；欧洲居于第二位，约占 23%，报道主要集中在英国、法国、希腊等国家；美洲居于第三位，约占 21%，报道主要集中在美国、加拿大等国家；其余报道涉及的大洲依次是非洲、大洋洲和南极洲。

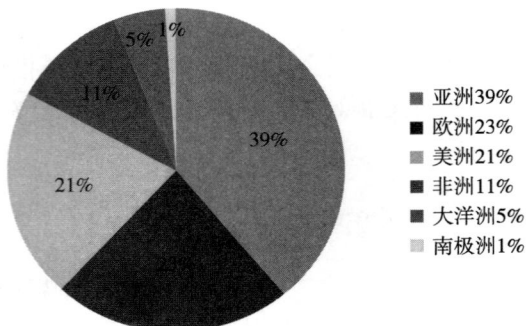

图 1　旅游报道世界各大洲分布比例统计

"一带一路"倡议涉及的国家和地区主要集中在亚洲、中东欧国家，从图 1 的报道数据分布来看，正好与"一带一路"倡议所涉及的大洲相一致。境外游报道涉及的国家和地区中，涉及亚洲、欧洲的报道较多，约占总报道的三分之二。这一现象反映出，在"一带一路"的大背景之下，各大洲旅游报道的数量占总报道数量比重不均衡，原因是涉及"一带一路"线路的亚洲、欧洲区域新闻报道数量比重偏大，相比不涉及的则比重相对较小，例如大洋洲和南极洲。

4.2 亚洲国家报道量化分析

经考察，有关"一带一路"旅游新闻涉及的亚洲国家分布情况，主要有东亚、东南亚、南亚、中亚、西亚五个区域[1]。如图 2 所示：

从上图可以看出，涉及亚洲区域的报道极不均衡，涉及东南亚区域的报道比例最高，约占 36%；其次是涉及东亚区域的报道，比例约占 32%；接下来是涉及南亚区域的报道，比例约占 18%；再接下来是涉及西亚区域的报道，比例约占 10%；最后是涉及中亚区域的报道，所占比例最少，约 4%。众所周知，"一

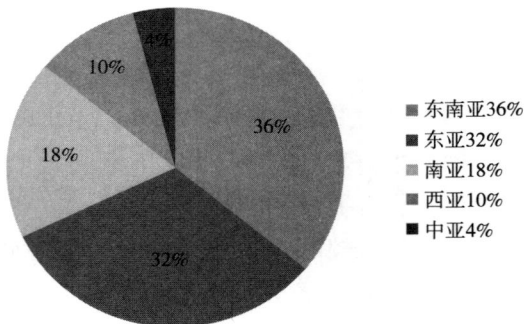

图 2　旅游新闻报道中的亚洲国家分布

带一路"发展的重点区域在中亚五国，作为"一带一路"沿线重要的区域，其独特的民俗与传统是吸引各国游客的宝贵资源（邢欣、苗德成 2016），旅游发展潜力巨大。这有待于新闻报道进一步挖掘资源，加大报道力度，让更多的人通过旅游新闻报道了解、知晓中亚国家及地区的风土人情，从而激发更多的人前去旅游观光。

---

1 这里所统计的数据不包括港澳台地区。

4.3 中亚五国及土耳其报道分布及频次统计

我们统计了 2015 年 3 月 31 日到 2016 年 3 月 31 日期间与"一带一路"相关国家的 8 个微信公众号中的旅游报道数据，总共统计新闻篇数 2,806 篇，有关旅游新闻的有 623 篇，所占比例约为 22.2%。数据统计如下：

表 3 微信公众号旅游新闻数据比重分析

8 个公众号	新闻总数	旅游条数	百分比
哈萨克斯坦资讯	554	20	3.6%
吉尔吉斯斯坦资讯	430	10	2.3%
乌兹别克斯坦资讯	383	6	1.6%
土耳其不土	560	528	94.3%
这里是巴基斯坦	52	21	40.4%
塔吉克环球零距离	629	34	5.4%
中央欧亚通讯	100	0	0
土库曼斯坦环球零距离	98	4	4.1%

从数据统计可以看出，各公众号新闻报道的篇数差别很大，有关旅游新闻的报道也极不均衡。"土耳其不土"公众号所报道的与旅游相关的新闻最多，比例高达 94.3%，居第一位；其次是"这里是巴基斯坦"微信号，所占比例约为 40.4%，居第二位；接下来是"塔吉克环球零距离""土库曼斯坦环球零距离""哈萨克斯坦资讯""吉尔吉斯斯坦资讯""乌兹别克斯坦资讯"。在中央欧亚通讯里没有发现一篇与旅游相关的新闻，值得我们思考。

为了更深入地研究旅游新闻对"一带一路"沿线中亚国家的报道分布情况，笔者着重分析了搜狐网境外游篇的报道，统计了其中涉及中亚五国[1]及土耳其的报道数量。统计数据如下：

表 4 搜狐境外游中亚五国和土耳其新闻报道频次统计

报道国家	报道频次
哈萨克斯坦	155
塔吉克斯坦	48
乌兹别克斯坦	48
土库曼斯坦	86
吉尔吉斯斯坦	58
土耳其	869

---

1 中亚即亚洲的中部地区，包括哈萨克斯坦、吉尔吉斯斯坦、乌兹别克斯坦、塔吉克斯坦、土库曼斯坦、阿富汗，但"中亚"这一区域范围的界定并不统一，我们只考察最狭窄界定（苏联界定）内的国家，即上述前五国。

由上可见，有关中亚五国的报道次数都不及土耳其一个国家报道的次数，且报道国家的频率也不均衡。众所周知，土耳其是一个旅游国家，历史悠久，宗教传统浓厚，是众多游客理想的旅游胜地。在"一带一路"倡议提出之前，中亚五国对中国内陆地区的影响很有限，有关中亚五国的报道也很少见。随着"一带一路"倡议的提出与不断推进，中亚五国的影响力在中国内陆地区也在不断提升。但与媒体境外游对其报道的数量相比，宣传力度还远远不够。这反映出一个问题——境外游旅游报道并未紧跟时代热点。王永峰（2015）认为，在当前"一带一路"的大力推进下，媒体需要紧跟国家的倡议导向，紧随形势，积极报道"一带一路"沿线国家旅游新闻，扩大沿线国家旅游影响力，激发国人旅游兴趣，从而促进"一带一路"的大发展。

5. 报道角度量化分析

据考察，"一带一路"旅游新闻报道的角度因客户端网站不同呈现出不同的特点：光明网主要从国际角度出发，分为外媒报道和中方报道两个视角；搜狐网则是从旅行社、游客角度出发，分为游客个人视角和旅行社商家视角；微信公众号则从外媒报道和游客个人视角进行报道。

光明网主要体现在国内报道和国外报道上：

表 5　光明网旅游新闻报道视角数据统计

光明网	所占比例
外媒报道	20%
中方报道	80%

搜狐网主要体现在游客角度和旅行社角度上：

表 6　搜狐网旅游新闻报道视角数据统计

搜狐网	所占比例
游客个人视角	90%
旅行社商家视角	10%

微信公众号体现在外媒报道和游客视角上：

表 7　公众号旅游新闻报道视角数据统计

搜狐网	所占比例
外媒报道	8%
游客个人视角	92%

从统计的数据可以看出，光明网外媒报道所占比例达 20%，消息来自境外不同国家的不同报纸或网站，涉及不同的国家、景点及旅游信息；中方报道所占比例达 80%，消息主要来源于国内各类网站，涉及境外不同国家或地区的景点报道；微信公众号则体现在转发的外媒报道及个人视角报道上，与光明网和搜狐网都不相同。三种客户端之所以呈现出这样的不同，主要有以下四个原因：第一，客户端的性质差异。光明网是国家网站，在一定程度上代表的是国家，所以报道高度高，从国际角度出发，分为国内、国外两个方面。搜狐网则是商业网站，很难摆脱盈利最大化的目的，签约不同的作家发表不同的文章，以增加阅读量，同时通过广告宣传来赚取相应的利润，由此出现旅行社商家的广告。第二，光明网尚属于传统媒体，比较正式，搜狐网则是新媒体门户网站，比较自由。第三，受互联网思维的影响，信息需要被大规模传播。光明网选择了从国家高度传播信息，搜狐网则是从个体角度传播信息，都追求达到最大的受众量。值得注意的是，搜狐网更加注重用户体验，从个体角度传播信息，带动感化身边的读者，让读者从思想上认可某一旅游目的地，进而为读者成为游客作好铺垫。微信作为一种新型的自媒体表现形式，它在一定程度上具有搜狐网的特点。

以上媒体中的旅游新闻报道的视角分布极不均衡的现象，要求媒体报道在今后注意多角度和平衡报道。王涛认为多视角传递景点信息不仅有利于游客了解境外景点，还可增加新闻报道的趣味性（2015：79-80）。

6. 报道内容的量化分析

6.1 光明网"一带一路"旅游新闻数据统计及分类

自 2015 年 3 月 31 日至 2016 年 3 月 31 日，光明网旅游篇国际游报道统计共346 篇[1]，大致可分为自然景观、人文景观、历史景观、民俗文化及其他方面（酒店、餐饮、消费、签证、交通等）。如表 8 所示：

表 8　光明网旅游新闻内容数据分类

新闻类别	新闻条数	所占比例
自然景观	110	31.8%
人文景观	90	26.0%
历史景观	29	8.4%
民俗文化	28	8.1%
其他	89	25.7%
总计	346	100%

1　总共 500 篇，其中发现文本与旅游无关的有 60 条，重复报道有 18 条。与旅游相关的报道中，涉及消极性报道有 11 条，主要涉及中国的报道有 65 条。我们将以上部分去除，剩余的均是与境外不同国家相关的旅游新闻，共计 346 篇。

据上表统计可以得出，境外游的报道中关于自然景观、人文景观的报道接近60%；关于历史景观和民俗文化的报道约占总报道的17%；酒店、餐饮、签证、消费等方面的报道所占比例约达25.7%。

6.2 搜狐网"一带一路"旅游新闻数据统计及分类

我们对搜狐新闻旅游篇境外游的412篇报道进行了数据统计[1]。如表9所示：

表9　搜狐网旅游新闻内容分类数据统计

新闻类别	新闻条数	所占比例
自然景观	72	17.5%
人文景观	171	41.5%
历史景观	68	16.5%
民俗文化	25	6.1%
其他	76	18.4%
总计	412	100%

根据以上数据分析，搜狐境外游有关人文景观的报道比例达41.5%，有关自然景观和历史景观报道的数量接近，所占比例分别为17.5%和16.5%；有关民俗文化报道的比例仅占6.1%；其他报道所占比例为18.4%，超过民俗文化12.3%。可见搜狐网对历史遗迹景观、民俗文化景观的报道数量远远低于对自然、人文景观的报道数量。

由此可见，旅游新闻要贴近群众、贴近生活，还要紧紧抓住当今时代热点，捕捉大众兴趣热点。数据统计可以反映出现阶段我国国民境外游的主要关注点在自然景观和人文景观上，对境外国家历史和文化的兴趣并不那么浓厚。旅游新闻报道具有真实性、引导性、服务性、宣传性的特点，在报道时，应充分考虑这些特点，加大对旅游篇历史景观和民俗方面进行报道，达到对旅游对象的全方位刻画。随着"一带一路"的实施和推广，旅游新闻也应与时俱进，彰显自己的魅力，更好地发挥旅游连接世界的作用。

6.3 微信公众号"一带一路"旅游新闻数据统计及分类

据2015年3月31日至2016年3月31日的数据统计，在8个微信公众号中，报道形式多样，有音频、视频、文字；内容驳杂，有政治、经济、文化、旅游、奇闻异事等；语言使用活泼自由，有字母词、网络流行语等。其中，除"土耳其

---

[1] 总共450篇，其中文本内容与旅游无关的有18条，有关中国的报道，主要涉及港澳台的报道有20篇，排除这两部分，剩下的共计412篇。

不土"外，其他微信公众号所涉及的旅游方面的报道均不是很多。旅游方面包括国情、风俗习惯、乡土人情、自然景观及人文景观等诸多方面。公众号的内容编排都有自己的特色，倾向性比较明显。例如"土耳其不土"中的报道几乎都与旅游相关，所占比例高达90%，而"中亚通讯"则基本没有与旅游相关的内容，其内容均与土耳其政治相关。

据对"一带一路"相关国家微信公众号有关旅游的新闻报道分析，我们对与旅游相关的130篇新闻在内容上进行归类，数据统计如下：

表10　微信公众号旅游新闻内容分类数据统计

新闻类别	新闻条数	所占比例
自然景观	15	11.5%
人文景观	50	38.5%
历史遗迹	7	5.4%
民俗文化	23	17.7%
其他	35	26.9%
总计	130	100%

通过以上数据可知，对中亚国家的景观介绍主要集中在人文景观上，比例高达38.5%；对自然景观的介绍所占比例约为11.5%；对历史遗迹和民俗文化的介绍所占比例分别占5.4%和17.7%。在"一带一路"向西不断推进的形势下，需要我们加强对中亚国家的了解，特别是对历史和文化风俗方面的了解。因此，在对中亚的旅游新闻报道上，增加历史及文化风俗相关的新闻报道是十分必要的。

7. 结语

我们首先对"一带一路"倡议提出以来，旅游新闻报道中出现的与"一带一路"旅游活动相关的新词语进行了归类分析以及词频统计。接着对"一带一路"旅游新闻报道在主要网站报道数据、区域报道分布、报道角度及报道内容等四方面进行了数据的量化统计分析。研究发现，随着"一带一路"倡议的提出与不断推进，地方政府根据自身优势积极制定旅游发展规划，并付诸于实践。媒体也紧跟旅游发展倡议，旅游新闻报道数量越发庞大。报道主要集中在与"一带一路"相关的区域，例如亚洲、欧洲。在亚洲，报道主要涉及东南亚、东亚及南亚等区域。针对中亚国家的报道，相对于土耳其而言，其报道数量偏少，其报道总量也不敌土耳其一个国家的报道数量。从报道角度来看，国外视角报道数量较少，国内视角报道数量较多；个人视角报道偏多，旅行商家视角的报道偏少；外媒报道偏少，游客个人视角偏多，且二者所占比例相差悬殊。从报道内容来看，据光明网的报道统计,有关自然景观的报道居于首位,其次是人文景观的报道;据搜狐网的报道统计,有关人文景观的报道居于首位,自然景观的报道居于第三位;据中亚微信公众号的报道统计,有关人文景观的报道居于首位,其他方面的报道居于第二位,而有关民俗文化的报道居于第三位。

研究表明,以上新闻报道的分析具有明显的针对性和指导性。希望分析结果能够对"一带一路"旅游新闻报道的工作提供借鉴和参考,进而助推"一带一路"的发展。

参考文献

宋瑞,2015,积极发挥"一带一路"的旅游力量 [N],《中国旅游报》,2015-2-6。

王涛,2015,旅游电视新闻的作用和特点 [J],《新闻窗》(2):79-80。

王永峰,2015,"一带一路"引航思路旅游 [N],《中国信息报》,2015-10-9。

邢欣、苗德成,2016,"一带一路"战略"带"出核心区语言战略新机遇 [J],《海外华文教育动态》(1):31-32。

邹统轩,2015,"一带一路"倡议促进旅游开发与合作 [N],《中国旅游报》,2015-8-26。

作者简介:张美涛,中国传媒大学博士研究生,喀什大学中国语学院讲师。主要研究领域:维吾尔语研究、双语教育等。电子邮箱:m18599287356@163.com

许田田,中国传媒大学硕士研究生。电子邮箱:1073153252@qq.com

邢欣,博士,中国传媒大学文法学部教授。主要研究领域:现代汉语语法、对外汉语教学、社会语言学、双语教育等。电子邮箱:xingxin1202@163.com

(责任编辑:李艳红)

"一带一路"战略视角下中亚五国
独立后的语言政策：评析与应对[*]

上海外国语大学 语言研究院/中国外语战略研究中心　**朱　晔**

提　要：中亚五国在"一带一路"沿线国家中地位独特，把握它们的语言政策有助于"一带一路"战略的实施。中亚五国独立后的语言政策带有浓厚的政治色彩，深刻影响着各自的社会、经济和文化发展，也真实反映并影响了各国与俄罗斯的关系。但是，整体上各国的语言规划忽视国家发展的实际与需要，语言本体规划和习得规划严重滞后于地位规划，相关语言政策的制定与实施缺乏统筹规划。因此，迫切需要针对中亚五国语言政策和语言国情开展国别研究，提升我国与中亚五国合作必需的语言服务水平，做好我国高校中亚语种外语人才和复合型人才的培养工作，从而保障"一带一路"战略在中亚地区的顺利实施。

关键词：语言政策；中亚五国；"一带一路"战略

1. 引言

"一带一路"战略的提出，对我国的语言战略提出了新要求，如何提升我国语言战略为"一带一路"建设服务，意义重大。一个国家的语言战略可以通过语言规划得以实现，而语言规划的成功与否，会推动或阻碍国家建设与发展，这是不争的事实。所谓语言规划，就是采取措施影响言语社区中语言及语言变体的功能、结构与习得（Kaplan & Baldauf 2003）。国家层面的语言规划通常由政府开展或主导，通过语言立法，即制定并实施相关的语言政策得以实现。语言政策作为国家政策的重要组成部分，代表了国家利益方向，反映了各利益阶层的关系（李雅2014）。语言政策体现一定的政治关系和价值取向，它的制定不仅关系到一个国家文化命脉的维系和发展，还关系到民族团结、国家统一与和谐（马立新 2014），因此不仅事关该国政治，关系国家安全与稳定，而且对该国的经济、文化和教育等各方面发展都会产生广泛而深远的影响。

中亚五国包括哈萨克斯坦、乌兹别克斯坦、土库曼斯坦、吉尔吉斯斯坦和塔吉克斯坦，均为多语言、多民族国家，各国的语言政策反映并决定着各自的语言国情，与国家、民族的和谐发展关系密切，深刻影响各国政治、经济和社会发展。"一带一路"战略在中亚五国的不断推进迫切要求我们把握并研究各国现行语言政策下的各种语言问题，全面掌握各国的语言国情与语言习惯，把握它们各自语言政策的特点，以语言问题为抓手理解其背后的民族问题和文化底蕴，从而推动我

---

* 本文系上海市 I 类高峰学科（外国语言文学）建设项目和国家语委2014年重点项目"国家认同视角下的国外少数民族语言政策研究"（项目编号：ZDI125-34）的阶段性研究成果。

国与中亚各国开展合作，在合作中融洽感情、增进互信，不断提升合作水平。本文将梳理中亚五国独立后语言政策的主要特点及凸显的问题，探讨我国应采取何种应对措施有效推动"一带一路"战略在中亚地区的顺利实施。

2. 中亚五国独立后语言政策的主要特点

中亚五国都是原苏联加盟共和国，在政治、经济、文化和历史发展方面相似点较多。独立后，中亚五国先后推出了新的语言政策，这些语言政策既有共同点，即都致力于发展主体民族的语言，又有不同之处，即各自对待俄语的具体做法有所不同（廖成梅 2011）。苏联解体后，15 个原苏联加盟共和国的语言政策发生了深刻变化。Brown（2013）针对各国的语言政策与教育情况，通过梳理二十多年来各国学者用英语发表的研究文献，发现各国学校从原苏联时期的多语制向独立后的新型多语制转变，为少数民族语言教学和外语教学提供了空间，教师、学生和家长通过有意的语言实践、动态地在学校空间内协调社区边界、培养特定的民族身份。中亚五国原来只有俄语一种国家语言，现在有了 5 种国家语言（王新青、池中华 2015）。Pavlenko（2006）按照语言状况将独立后的中亚各国分为两类：一类采取双语政策，即名义上的国语和俄语作为官方语言或不同民族间的交际语，这类国家包括哈萨克斯坦、吉尔吉斯斯坦和塔吉克斯坦；另一类实施单语政策，即在一些公共场合实际使用俄语，如土库曼斯坦和乌兹别克斯坦。尽管如此，这些国家的语言政策还是具备了相当鲜明的共性。

2.1 语言政策的制定带有浓厚的政治色彩

在苏联时期，俄语被规定为中亚五国各民族的共同交际语言，包括中亚各世居民族语言在内的非俄罗斯民族语言均处于次要地位。1991 年苏联解体，各国相继独立。独立前后，中亚五国的语言政策均发生了变化，尤其是独立后，各国纷纷实施新的语言政策，致力于发展本国的主体民族语言，通过立法将其确立为各自的国语，而对俄语采取了不同以往的做法。正如 Kellner-Heinkele 和 Landau（2012）指出的那样：国家语言政策的相关决定，通常是由政客而非语言学家或语言教师作出的。实际上，语言立法是语言政策在法律层面的体现，是语言政策的重要内容和法律保障（刘宏宇、池中华 2013）。

独立前后，中亚各国就通过颁布新的语言法或宪法，大力发展各国主体民族的语言。由于它们把使用主体民族语言视为新独立国家民族认同的重要标志和民族国家建设的核心要素，因此纷纷兴起"语言民族化"运动，将主体民族语言规定为国语（张宏莉 2015）。早在独立前的 1989 年 9 月，哈萨克斯坦就正式颁布了《哈萨克斯坦苏维埃社会主义共和国语言法》，规定哈萨克语为国语，并于独立后的 1995 年 8 月通过了哈萨克斯坦共和国宪法，明确规定哈萨克语为该国国语。1997 年 7 月颁布的《哈萨克斯坦共和国语言法》再次规定了哈萨克语的国语地位。乌兹别克斯坦在独立前的 1989 年 10 月宣布乌兹别克语为国语，并于 1992 年 12 月通过了独立后的第一部宪法，明确规定乌兹别克语为国语。吉尔吉斯斯坦在独立前的 1989 年 9 月通过了《吉尔吉斯苏维埃社会主义共和国语言法》，规定吉尔吉斯语将在社会政治生活的各个领域起国语作用（郭卫东等 2013）。1993 年 5 月，吉尔吉斯斯坦独立后的首部宪法重申了吉尔吉斯语的国语地位。2003 年 2 月，吉尔吉斯斯坦通过了新的宪法草案，再次确定吉尔吉斯语为国语。1994 年 11 月，塔吉克斯坦独立后的第一部宪法规定了塔吉克语为其国语，1999 年公布的新宪法再次重申了塔吉克语的国语地位。1992 年，土库曼斯坦独立后的第一部宪法规定土库曼语为该国国语，2008 年的新宪法又规定土库曼语为国语。

在对待俄语的问题上，独立初期，中亚五国不约而同地推出了"去俄语化"（或"非俄语化"）的语言政策，它们在将主体民族语言规定为国语的同时，有意降低俄语的地位，压制俄语在教育和公共领域的使用（张宏莉 2015）。但进一步分析中亚五国对待俄语的态度与做法，可以发现各国之间有一些差异，既有将俄语认定为官方语言的，也有将俄语定位为族际交际语的。在哈萨克斯坦和吉尔吉斯斯坦，俄语是官方语言。哈萨克斯坦 1997 年 7 月颁布的《哈萨克斯坦共和国语言法》规定：在国家组织和地方自治机关中俄语和哈萨克语同等使用。在吉尔吉斯斯坦，2000 年 5 月通过了《官方语言法》，规定俄语为吉尔吉斯斯坦的官方语言，受国家保护；2003 年 2 月通过新宪法，再次确定俄语作为官方语言使用；2004 年 4 月，阿卡耶夫总统强调俄语在吉尔吉斯斯坦会受到坚决保护，吉尔吉斯语和俄语将永远共同存在。塔吉克斯坦和土库曼斯坦则将俄语定位为族际交际语。土库曼斯坦从 2000 年 1 月 1 日起完全改用以拉丁字母为基础创制的本国民族文字。乌兹别克斯坦的语言政策则是去俄语化，用拉丁字母取代俄语的基里尔字母。近年来，俄语在中亚五国的处境发生了一些变化，出现了一些新的发展动向。在哈萨克斯坦和吉尔吉斯斯坦，俄语的官方语言地位受到了挑战，而在塔吉克斯坦、土库曼斯坦和乌兹别克斯坦，俄语的使用则出现了转强迹象。事实上，这些变化的背后都有着深刻的政治、经济和社会原因，中亚五国语言政策的改变与调整，折射出该地区地缘政治的复杂关系。

2.2 调整后的语言政策深刻影响着各国的社会、经济和文化发展

随着中亚各国把本国的主体民族语言确定为各自的国语，该语言政策导致了一系列社会、经济、文化问题，对各国民族和谐与社会、经济、教育、文化的发展产生了影响。中亚五国在独立前都是原苏联加盟共和国，各国境内居住着大量以俄罗斯人为主的斯拉夫民族人群，他们长期以来使用俄语。独立初期，他们对重新学习并使用各国的主体民族语言态度消极、甚至非常抵触，因此强烈要求各国政府将俄语和主体民族语言共同定为国语。由于历史原因，俄语在这些国家的使用比起各主体民族语言有着更大的优势，各国普遍认为如果同意这一要求，势

必对推行各国主体民族语言为国语的语言政策造成伤害，主体民族语言的国语地位将受到严重冲击，因此政府在对待俄语的问题上摇摆不定，导致两股势力的斗争长期存在，有时候还非常激烈。在这样的语言环境下，俄罗斯民族受到歧视，其地位下降，民族冲突时有发生，民族关系面临严峻考验。此外，语言政策对移民问题的影响也是现实而直接的。由于一味强调推广使用主体民族语言背后的政治意义，想要在国家机构中获得工作或升职，就必须掌握主体民族语言，这就导致不懂国语的俄罗斯人被排挤出关键部门，大大恶化了他们的就业和生存环境，从而导致大量以俄罗斯人为代表的俄语居民迁出中亚国家，移民俄罗斯，在一定程度上加剧了中亚地区的族际紧张关系。

长期以来，俄语在中亚各国发挥了强大的社会功能，在城市人群及受教育阶层中十分普及，拥有深厚的社会基础。此外，俄语是人们学习科学技术的语言，技术领域的文件都使用俄语，拥有很高的声望（李雅 2014），对中亚民族文化教育的发展功不可没（刘赛、王新青 2013）。受推广主体民族语言这一语言政策的影响，俄语在部分中亚国家的行政、传媒、教育、公共事务和族际交往等领域的使用受到限制，阻碍了国民经济发展。例如：1990 年到 1996 年，哈萨克斯坦共迁出 228.3 万人，其中主要是使用俄语的居民，哈萨克斯坦由于失去了几十万活跃在各重要经济领域的专业人才，国民经济受到了无可挽回的损失（张宏莉、赵荣 2006）。与俄语相比，民族主体语言的推广也面临诸多难以克服的问题，例如：语言规范化进程比较缓慢，能熟练使用民族主体语言的人才相对短缺，在教学中使用主体民族语言面临师资和教材短缺问题等。独立后，为了推广主体民族语言，学校为了让学生有更多的时间学习主体民族语言而减少了俄语教学，各类学校的俄语教学状况不断恶化，大批俄语学校被迫关闭，对教育的冲击不言而喻。在乌兹别克斯坦，字母拉丁化使年轻人由于不懂基里尔字母而无法阅读俄语教科书和其它书籍，导致教育质量下降。

2.3 不断调整的语言政策真实反映并影响了各国与俄罗斯的关系

俄罗斯是联合国安理会常任理事国之一，它的国际地位和国际影响力不容小觑。俄语作为联合国规定的六种工作语言之一，在国际上广泛使用。中亚各国对待俄语的态度及俄语在各国的地位，在一定程度上影响了它们与俄罗斯的关系。独立后，中亚各国纷纷采取"去俄语化"的语言政策，使得俄语在中亚各国的地位不断下降。在这一背景下，中亚各国与俄罗斯的关系比较冷淡，有时候甚至出现紧张状况。但是，近年来随着中亚各国重新审视俄语的地位问题，它们与俄罗斯的关系在一定程度上得到了改善与发展，中亚各国人民学习俄语的热情有所上涨。另外，由于中亚各国的俄罗斯族人口在各国人口总数中占有相当的比例，俄罗斯也非常关注中亚国家的俄语地位问题，一直把俄语地位的变化作为外交政策的参照，并且致力于俄罗斯语言文化在中亚地区的传播，通过赠送书籍和举办俄语年等活动，积极推动俄语在中亚各国地位的提升。这些都影响着中亚各国不断调整语言政策中与俄语地位相关的内容，这些政策的调整也可以作为衡量它们与俄罗斯关系的风向标。

3. 中亚五国独立后语言政策中凸显的主要问题

语言政策反映国家意志，语言规划绝非仅仅影响语言层面的问题，因此在开展语言规划时应慎之又慎，因为事实告诉我们：国家语言规划中一个微不足道的小问题，也有可能在今后产生严重后果。中亚五国独立后进行的语言规划及实施的语言政策，主要存在以下问题。

3.1 过分强调国语的象征意义，忽视了国家全面发展的实际与需要

国家的语言规划应该服务于国家发展的需要。因此，结合国家发展实际，开展科学的语言规划，为社会、经济、文化和教育等全面发展提供服务与保障，理应成为国家颁布语言政策的出发点和立足点。独立后的中亚各国将语言问题政治化，大力推行发展各国主体民族语言的语言政策，纷纷将各主体民族语言确立为各国的国语，以期通过使用主体民族语言构建新独立国家的民族认同，推进民族国家的建设。为实现以上目的，尽管各国对俄语的态度有所差别，但是总体上在社会生活各领域实施了"去俄语化"的语言政策。这种带有鲜明政治化倾向的语言政策导致族际关系更加紧张，国家建设因此受到了极大的伤害。事实上，由于中亚各国长期受俄罗斯化政策的影响，苏联时期中亚地区的俄语普及程度高（张宏莉 2015），短期内各国的主体民族语言无法完全取代俄语而被广泛应用于社会生活的各个领域，加上俄语的使用受到了压制，导致了主体民族语言在国家社会生活中未能充分使用，处于一种与其国语地位不相称的困境之中（廖成梅 2011）。虽然之后各国或多或少也意识到了该问题，并在不同时期先后采取了一些措施试图调整主体民族语言和俄语的使用情况，但是由于主体民族语言的国语地位从未根本改变，问题始终没有得到根本解决，因而对国家建设与发展造成了极大伤害，损失无可挽回。

3.2 国家语言规划诸环节脱节，本体规划和习得规划严重滞后于地位规划

语言规划包括语言的地位规划、本体规划和习得规划（Haugen 1966；Cooper 1989），它们之间环环相扣，缺一不可，科学、合理的语言规划理应包括地位规划、本体规划和习得规划，并统筹三者之间的关系，进行合理的布局。然而，中亚各国独立后开展的语言规划，可谓"顾此失彼"，过分注重了语言地位规划的开展，即将各国的主体民族语言定为各国国语，却忽视了针对新定的国语开展相关本体规划和习得规划的重要性和紧迫性。其实，从构建新独立国家的民族认同和推进民族国家建设的角度，开展以主体民族语言为国语的地位规划有着重要意义，

因此具有一定的合理性。但是，在确立了各国的国语地位后，却没有能够及时、系统地开展针对国语的本体规划和习得规划，因此产生了较为严重的不良后果，在很大程度上影响了国语的推广与普及。与俄语相比，虽然中亚各国独立后都将各国的主体民族语确立为国语，但是无论是从它们各自的使用领域和所发挥的功能来看，都无法与俄语抗衡。此外，一些国家开展的针对国语的文字改革不太成功，教育所需的教材等资源严重不足，都体现了本体规划和习得规划的严重缺失。由此可见，中亚各国在地位规划先行后，针对本国国语的本体规划和习得规划没有及时跟上，从而失去了宝贵的发展机会。

3.3 相关语言政策调整过于频繁，制定与实施缺乏全面统筹和长远规划

综观中亚各国独立后至今推行的语言政策，可以发现从独立前后至今，语言政策的制定往往只顾眼前需要，而未能从国家发展和民族团结的战略高度进行全面统筹和长远规划，导致各国的语言政策均在不同时期经历了多次调整，随意性较大。独立后的 20 多年内，中亚各国多次修订语言法或宪法中有关语言地位的条文，虽然各主体民族语言作为国语的地位一直没有改变，但是各国在对待俄语地位的问题上却处于不断的变化与调整之中，而这些针对俄语地位的变化与调整，在很大程度上反映了当地俄罗斯人政治地位的变化情况。独立前后，各国先后颁布了歧视俄语的语言政策，将俄语定位为族际交际语，甚至是外语，造成俄罗斯族人的民族地位下降，大量俄罗斯族人因此外迁俄罗斯，各国的主体民族与俄罗斯民族、其他少数民族关系紧张。之后，针对该情况，为了促进民族和睦，各国对语言政策进行了调整，采取了一些缓和与俄罗斯民族关系、放缓去俄语化步伐的做法，部分国家将俄语从族际交际语提升为官方语言。例如哈萨克斯坦在 1995 年颁布的第二部宪法和 1997 年颁布的《哈萨克斯坦共和国语言法》中都指出俄语和哈萨克语在国家组织和地方自治机构中可以平等使用。然而，近年来中亚各国实施的语言政策在对待俄语的态度方面又有了改变，部分中亚国家为了提升国民的国语使用水平，对俄语的使用进行了限制，俄语的官方语言地位因此受到威胁。由此可见，俄语在中亚各国的地位时起时伏、长期处于变化之中。

4. 应对中亚五国语言政策、助力我国"一带一路"战略实施的相关建议措施

当前，随着我国"一带一路"战略在中亚地区的推进，我们有必要采取积极的措施应对与中亚各国开展合作时可能会面临的语言问题。Nogayeva（2015）指出：自苏联解体后，中国在中亚地区借助软实力资源实施了一些人口与语言政策，虽然在实践中取得了一些成功，但还存在局限与问题。当前，我们对"一带一路"区域的语言关注不多、语言准备不足，在语种数量、语言人才、语言产品及相关语言服务方面都离实际需求存在相当差距（赵世举 2015）。实际上，中亚社会现实存在着的多语现象，其背后体现的是深层次的民族问题、社会问题和政治问题，

了解中亚各国的语言政策及语言国情，把握当地各种语言的使用现状，尊重中亚各国人民的语言使用传统与实际，视各国各民族语言为可利用的资源，树立正确的中亚语言观，积极培养中亚各国各民族语言人才和语言＋专业的复合型人才，与各国开展多形式、全方位的人才培养合作，开展与中亚各国的语言、文化交流活动，将有助我们更好地在中亚地区实施"一带一路"战略。

4.1 深入调研，加快开展针对中亚五国语言政策和语言国情的国别研究

"一带一路"需要语言铺路（李宇明 2015），了解和研究"一带一路"沿线国家的语言政策，对促进我国与各国的互联互通具有重要意义（王辉、王亚蓝 2016）。作为多民族、多语言国家，中亚各国独立后推行的语言政策决定了各自的语言国情，在一定程度上反映了中亚各国的民族、社会问题，也是地缘政治的体现。以各国现行的语言政策为抓手，开展针对中亚五国的语言政策国别研究，有助于我们从语言政策角度预判并处理好我国与中亚五国共建"一带一路"过程中可能会面临的涉及各国语言政策与语言国情的相关问题，为"一带一路"战略在中亚五国的顺利实施保驾护航。在把握中亚五国的语言政策与语言使用现状的基础上，针对不同人群，合理使用各种中亚语言，将有利于推动我国与中亚五国开展全面的文化交流、学术往来、人才交流合作、媒体合作、青年和妇女交往、志愿者服务等，为"一带一路"建设奠定坚实的民意基础、提供有力的语言保障。

开展中亚五国语言政策国别研究，有助于系统梳理各国现行的语言政策及其影响，全面把握各国的语言规划背景、实际与发展动态。此外，还可以就相关语言问题开展有针对性的调研工作，有效把握中亚各国语言国情一手信息，为"一带一路"战略在中亚各国的实施做好语言参谋。只有"语言相通"了，我们与中亚各国人民才能真正做到"民心相通"，在此基础上开展的合作与交流才会更加顺畅、才能取得成功。

4.2 统筹安排，稳步提升我国与中亚五国合作所需的语言服务水平

所谓"语言服务"，就是行为主体以语言文字为内容或手段为他人或社会提供帮助的行为和活动（赵世举 2012），它的外延可以从产业、职业、行业、基业几个不同的角度来进行观察（屈哨兵 2010），是对一系列语言方针政策的贯彻执行与直接的现实实践（郭龙生 2012），是对语言资源的开发利用（李现乐 2010），因此语言服务的政策性非常强，内容十分丰富，涵盖面也极其广泛，形式更是多种多样。语言服务按照服务领域，可以分为政治服务、经济服务和文化服务三类（李德鹏、窦建民 2015）。在中亚各国实施"一带一路"战略，需要大量各种类型、各种层次的语言服务提供有效的支撑与保障。能否提供这些服务、它们的质量如何，都会直接关系到合作能否顺利开展并获得成功。

为我国与中亚各国的合作提供全面、高质量的语言服务，是事关国家利益的

大事，因此有必要在国家层面对其进行统筹规划，并在国家规划的指导下采取切实有效的措施加以落实。具体而言，可以通过制定相关的语言服务国家标准、扶持各类语言服务机构与企业的发展、鼓励高校开设并建好语言服务相关专业、创造条件鼓励优质语言服务人才脱颖而出等各项措施，不断提升我国的语言服务水平。

4.3 全面谋划，切实开展我国高校的中亚语种外语人才和复合型人才培养工作

科学判断、评估、规划我国在中亚五国开展"一带一路"建设所需的人才问题，相关语种外语人才和复合型人才（外语＋专业）的培养问题是关键，需要在国家层面进行顶层设计。当前，对我国中亚语言的语种少、各语种外语人才和复合型人才缺失严重等问题应有清醒的认识，并根据实际需要，加紧培养掌握各中亚语言、通晓相关文化内涵的高端外语人才和复合型人才，为"一带一路"战略在中亚五国的稳步推进做好人力资源保障与储备工作。

就我国中亚语种人才培养的现状而言，结合"一带一路"战略在中亚各国的实施前景，无论是在开设语种、还是在开设学校的数量方面都存在较大差距，无法满足我国与中亚五国开展经贸合作与文化交流的需要。国家应该尽快针对该问题提出切实可行的解决办法。根据教育部颁布的《普通高等学校本科专业目录（2012 年）》，在"外国语言文学类"中，中亚五国语言只有哈萨克语和乌兹别克语位列其中。就外语人才培养而言，在我国以外语教育见长的外语类高校中，目前只有北京外国语大学和上海外国语大学开设了相关的中亚语言课程，其中北京外国语大学开设了哈萨克语、乌兹别克语、吉尔吉斯语、土库曼语和塔吉克语的外语课程，上海外国语大学面向全校学生开设了乌兹别克语的公共选修课程。此外，部分民族大学开设了相关专业，如中央民族大学设有哈萨克语言文学系。但是，中亚各国极其丰富的其他民族语言教学在我国高校中则迄今难觅踪迹，更不用说开展"某中亚语言＋某专业"的复合型人才培养了。由于复合型人才除了掌握至少一门中亚语言外，要具有较高的综合素质，既懂专业知识，又了解历史、文化、风俗（刘秋萍 2015），因此加快中亚语言复合型人才的培养意义重大。我们应在国家层面做好顶层设计，尽早统筹我国高校中亚语种外语人才和复合型人才的培养工作，从我国各类高校和各地高校的办学优势和地域优势出发，以"合理布局、有所分工、特色各异、总量监控"为原则，从而有效解决当前我国中亚语种外语人才和复合型人才稀缺的问题。可喜的是，2016 年 7 月 13 日，教育部颁布了《推进共建"一带一路"教育行动》（教外 [2016] 46 号），为我国与"一带一路"沿线国家如何扩大人文交流、加强人才培养、共同开创教育美好明天指明了方向，也为我国高校开展中亚语种外语人才和复合型人才培养工作提供了新的思路与方法。

5. 结语

中亚五国地处欧亚大陆腹地，作为"丝绸之路经济带"的重要支点，在"一带一路"建设中占有重要地位。自"一带一路"战略推出以来，中亚各国纷纷表示愿意积极支持和参与"一带一路"建设，为此我们将与各国开展广泛的合作与交往，语言在这个过程中可以发挥举足轻重的作用。研究并把握各国的语言政策及语言国情，以务实的态度预判并应对合作中可能出现的、与语言相关的各种问题，将"语言相通"打造成为打开"民心相通"大门的金钥匙，有着积极的现实意义。最近，哈萨克斯坦开始了新的文字改革，成立了哈萨克文字母专项改革工作组，哈萨克文字由西里尔文向拉丁文字母回归（汪嘉波 2017）。这种"去俄罗斯化"的语言政策，将会为"一带一路"建设带来新的影响，需要我们深入研究。当前，我们必须站在战略高度，认真谋划诸如语言服务和语言人才培养等相关问题，采取切实有效的措施提升语言服务水平和语言人才培养的质量与数量，从而推动我国与中亚各国间的合作走上可持续发展的健康之路。

参考文献

Brown, K. D. 2013. Language policy and education: Space and place in multilingual post-Soviet states [J]. *Annual Review of Applied Linguistics* 33: 238-257.

Cooper, R. L. 1989. *Language Planning and Social Change* [M]. Cambridge: CUP.

Haugen, E. 1966. Dialect, language, nation [J]. *American Anthropologist* 68 (4): 922-935.

Kaplan, R. B. & R. B. Baldauf, Jr. 2003. *Language and Language-in-Education Planning in the Pacific Basin* [M]. Dordrecht: Kluwer.

Kellner-Heinkele, B. & J. M. Landau, 2012. *Language Politics in Contemporary Central Asia: National and Ethnic Identity and the Soviet Legacy* [M]. London: I. B. Tauris.

Nogayeva, A. 2015. Limitations of Chinese "soft power" in its population and language policies in Central Asia [J]. *Geopolitics* 20: 583-605.

Pavlenko, A. 2006. Russian as a lingua franca [J]. *Annual Review of Applied Linguistics* 26: 78-99.

郭龙生，2012，论国家语言服务 [J]，《北华大学学报（社会科学版）》（2）：12-19。

郭卫东、刘赛、玛阿托娃·古丽娜儿，2013，独立后的吉尔吉斯语发展进程研究 [J]，《新疆社会科学》（6）：92-97。

李德鹏、窦建民，2015，当前我国语言服务面临的困境及对策 [J]，《云南师范大学学报（对外汉语教学与研究版）》（2）：63-68。

李现乐，2010，语言资源和语言问题视角下的语言服务研究 [J]，《云南师范大学学报（哲学社会科学版）》（5）：16-21。

李雅，2014，塔吉克斯坦独立后的语言政策变迁 [J]，《新疆师范大学学报（哲学社会科学版）》（1）：74-80。

李宇明，2015，"一带一路"需要语言铺路 [N]，《人民日报》（第 7 版），2015-9-22。

廖成梅，2011，中亚国家的语言政策论析 [J]，《国际关系学院学报》（6）：101-105。

刘宏宇、池中华，2013，吉尔吉斯斯坦独立后的语言政策与实践 [J]，《中南民族大学学报（人文社会科学版）》（3）：27-31。

刘秋萍，2015，"一带一路"战略的人才支点 [J]，《人力资源开发》（3）：29-30。

刘赛、王新青，2013，独立后吉尔吉斯斯坦俄语发展现状研究 [J]，《新疆大学学报（哲学人文社会科学版）》（5）：91-95。

马立新，2014，中国与哈萨克斯坦语言政策的对比研究 [J]，《现代语文》（12）：151-153。

屈哨兵，2010，关于《中国语言生活状况报告》中语言服务问题的观察与思考 [J]，《云南师范大学学报（哲学社会科学版）》（5）：22-27。

王辉、王亚蓝，2016，"一带一路"沿线国家语言政策概述 [J]，《北华大学学报（社会科学版）》（2）：23-27。

汪嘉波，2017，"回归拉丁化"哈萨克斯坦文字改革拉开序幕 [N]，《光明日报》，2017-4-25。

王新青、池中华，2015，丝绸之路经济带中亚五国语言状况考察与思考 [J]，《云南师范大学学报（哲学社会科学版）》（5）：14-20。

张宏莉，2015，中亚国家语言政策及其发展走向分析 [J]，《新疆社会科学》（2）：72-79。

张宏莉、赵荣，2006，哈萨克斯坦的语言政策 [J]，《世界民族》（3）：28-37。

赵世举，2012，从服务内容看语言服务的界定和类型 [J]，《北华大学学报（社会科学版）》（3）：4-6。

赵世举，2015，"一带一路"建设的语言需求及服务对策 [J]，《云南师范大学学报（哲学社会科学版）》（4）：36-41。

中华人民共和国教育部，2016，教育部关于印发《推进共建"一带一路"教育行动》的通知 [Z]，2016-7-13。

作者简介：朱晔，博士，副教授，上海外国语大学语言研究院副院长，中国外语战略研究中心研究员。主要研究领域：应用语言学、语言政策与规划、双语教育。电子邮箱：zhuye@shisu.edu.cn

（责任编辑：张天伟）

中亚邻国哈萨克斯坦的
语言生态及语言政策[*]

上海海事大学 外国语学院　　张治国　　陈　乐

提　要： 哈萨克斯坦是中亚面积最大的国家，是我国的重要邻邦，了解和研究其语言生态及语言政策意义非凡。本文从历史、民族、人口、宗教与语言五个方面综述了哈萨克斯坦的语言生态，并从地位规划、本体规划和习得规划三方面梳理了哈萨克斯坦的语言政策。文章指出哈萨克斯坦是个多民族、多语言和多文化的国家，其语言政策的最大任务是处理好哈萨克语和俄语的关系。

关键词： 哈萨克斯坦；语言生态；语言政策；哈萨克语；俄语

　　哈萨克斯坦共和国（简称哈萨克斯坦）地处中亚，西有内陆海里海（Caspian Sea），北邻俄罗斯，东南连接中国，南与吉尔吉斯斯坦、乌兹别克斯坦和土库曼斯坦接壤，西南与伊朗和阿塞拜疆隔里海相望。1997 年，哈萨克斯坦首都从南部的阿拉木图（Almaty）迁往中偏北的阿斯塔纳（Astana）。哈萨克斯坦是世界领土面积第九大国家以及中亚五国中国土面积最大的国家，也是世界上最大的内陆国家。该国地势东高西低，东部和北部的经济相对落后。

1. 哈萨克斯坦的语言生态

　　一个国家的语言状况一定会受到历史发展、民族构成、人口结构和宗教文化等因素的影响，它们互动共生，形成语言生态。哈萨克斯坦的语言生态概貌如下。

1.1 历史、民族、人口、宗教与语言

　　在历史发展方面，"哈萨克"作为一个民族在 15 世纪初得到认可，它是由众多的游牧蒙古部落和当地突厥部落共同形成的政治联盟。16 世纪，这些部落逐渐形成大（Great Horde）、中（Middle Horde）、小（Small Horde）三个汗国。17 世纪俄罗斯商人和士兵开始出现在哈萨克的领土上。18 世纪初，小汗国的一些部落为了躲避来自东边蒙古人的入侵而寻求俄罗斯的临时援助，但俄罗斯帝国却永久地控制了小汗国，并分别在 18 和 19 世纪征服了中汗国和大汗国。1920 年，哈萨克斯坦成了俄罗斯联邦的一个苏维埃社会主义自治共和国。1936 年，改名为苏维埃社会主义共和国，成为苏联的一个加盟共和国。1991 年哈萨克斯坦随着前苏联

* 本文系国家社科基金项目"中国与周边国家语言互联互通建设的战略研究"（项目编号：14BYY045）和上海市教委科研创新项目"新中国外语教育政策与经济社会发展互动研究"（项目编号：15ZS047）的阶段性成果。

的解体而成为一个独立国家（Curtis 1997; Smagulova 2008）。本文仅从苏联统治时期（1920–1991 年）以及独立时期（1991 年至今）两个阶段来分析哈萨克斯坦的语言生态和语言政策，且以第二阶段为主，第一阶段为辅。

在民族构成方面，哈萨克斯坦是个多民族国家。有学者（如 Zharkynbekova *et al.* 2013）说该国共有 140 个民族，也有学者说共有 130 个（如 Samsonov 2006, 转引自 Kellner-Heinkele & Landau 2012）或 126 个（如 Smagulova 2006），还有学者（Kellner-Heinkele & Landau 2012）只给出一个笼统的数字：100 个以上。但无论数量多少，其主要民族是不变的，详见表 1。

表 1　哈萨克斯坦的主要民族、人口及其使用的语言（1999 年）

序列	民族	人口		语言
		数量	%	
1	哈萨克族（Kazakhs）	7,985,039	53.40	哈萨克语（Kazakh）
2	俄罗斯族（Russians）	4,479,618	29.95	俄语（Russian）
3	乌克兰族（Ukrainians）	547,052	3.65	乌克兰语（Ukrainian）
4	乌兹别克族（Uzbeks）	370,663	2.47	乌兹别克语（Uzbek）
5	德意志族（Germans）	353,441	2.36	德语（German）
6	鞑靼族（Tatars）	248,952	1.66	鞑靼语（Tatar）
7	维吾尔族（Uygurs）	210,339	1.40	维吾尔语（Uighur）
8	白俄罗斯族（Belarusians）	111,926	0.74	白俄罗斯语（Belarusian）
9	朝鲜族（Koreans）	99,657	0.66	朝鲜语（Korean）
10	阿塞拜疆族（Azerbaijanis）	78,295	0.52	阿塞拜疆语（Azerbaijani）
11	波兰族（Poles）	47,297	0.31	波兰语（Polski）
12	东干族（Dungans）	36,945	0.24	东干语（Dungan）
13	库尔德族（Kurds）	32,764	0.21	库尔德语（Kurd）
14	车臣族（Chechens）	31,799	0.21	车臣语（Chechen）
15	塔吉克族（Tajiks）	25,657	0.17	塔吉克语（Tajik）
16	巴什基尔族（Bashkirs）	23,224	0.15	巴什基尔语（Bashkir）
17	摩尔多瓦族（Moldovians）	19,458	0.13	摩尔达维亚语（Moldovian）
18	印古什族（Ingushes）	16,893	0.11	印古什语（Ingushe）
19	莫尔多瓦族（Mordvins）	16,147	0.10	莫尔多瓦语（Mordvin）
20	亚美尼亚族（Armenians）	14,758	0.09	亚美尼亚语（Armenian）
21	希腊族（Greeks）	12,703	0.08	希腊语（Greek）
22	吉尔吉斯族（Kyrgys）	10,896	0.07	吉尔吉斯语（Kyrgys）
23	保加利亚族（Bulgarians）	6,915	0.04	保加利亚语（Bulgarian）
24	列兹金族（Lezgins）	4,616	0.03	列兹金语（Lezgin）
25	土库曼族（Turkmens）	1,729	0.01	土库曼语（Turkmen）
	总数	14,953,126	100	

资料来源：Kellner-Heinkele & Landau (2012)

从表 1 不难发现：哈萨克族是该国最大的民族，人口占一半多，哈萨克斯坦国名就来自该民族；哈萨克斯坦最主要的两个民族是哈萨克族和俄罗斯族，人口共占 80% 以上，哈萨克族主要居住在哈萨克斯坦的南部，而俄罗斯族则主要生活在北部；占该国人口 1% 以上的民族有七个，依次是哈萨克族、俄罗斯族、乌克兰族、乌兹别克族、德意志族、鞑靼族和维吾尔族。

在人口结构方面，俄罗斯族人口自 1939 年起开始超过哈萨克族人口（Kulzhanova 2012），但在苏联解体前夕，哈萨克族人口反超，占 39.7%，俄罗斯族人口占 37.8%，其他民族人口共占 22.5%（Smith 1996：501）。哈萨克斯坦刚独立时大约有 1,600 多万人，十年后人口总数下降至 1,400 多万，至今其人口总数又恢复到 1,600 多万，但人口的民族结构已发生巨大变化：哈萨克族人口在增加，而一些其他民族（尤其是俄罗斯族）人口则在减少（详见表 2）。出现这种现象的主要原因是：一方面，由于哈萨克斯坦独立后实行了优惠的民族回归政策（repatriation policy），大约 50 万的海外哈萨克族民众（diaspora Kazakhs）回到哈萨克斯坦（King & Melvin 2000；Diener 2005），他们主要来自蒙古、中国、土耳其、乌兹别克斯坦等国家（Suleimenova 2010）。另一方面，哈萨克斯坦境内的不少其他民族（尤其是俄罗斯族）出于政治、经济、语言和民族认同等因素的考虑而开始移居海外。经过十多年的人口结构动荡后，现在哈萨克斯坦的人口及民族结构趋于平稳（Kellner-Heinkele & Landau 2012）。

表 2　哈萨克斯坦主要民族的人口比例变化（%）（1999–2014）

年份	哈萨克族	俄罗斯族	乌克兰族	德意志族	鞑靼族
1999	53.4	29.95	3.65	2.36	1.66
2014	63.1	23.7	2.1	1.1	1.3
变化	上升	下降	下降	下降	下降

资料来源：Kellner-Heinkele & Landau（2012），World Population Review（2015）

在宗教文化方面，由于历史发展、地理位置以及民族结构等原因，哈萨克斯坦的文化是哈萨克、乌孜别克、维吾尔等民族所崇尚的突厥文化和伊斯兰文化以及俄罗斯、乌克兰和白俄罗斯等民族所推崇的斯拉夫文化的结合体。该国居民大多信奉伊斯兰教，属于逊尼派，人数约占 70.2%。此外，还有 26.2% 的人信仰东正教或天主教，0.2% 的人信仰犹太教和佛教等，2.8% 的人属于无神论者 [1]。

在语言状况方面，哈萨克斯坦的每个民族几乎都有自己的一种语言或语言变体（Kellner-Heinkele & Landau 2012）。因此，全国正在使用中的语言大约有 126 种（Smagulova 2006），但不同机构（如 CIA World Factbook；Ethnologue 2016）

---

1 引自 CIA World Factbook，网址：https://www.cia.gov/library/publications/resources/the-world-factbook/geos/
　kz.html.（2015 年 9 月 16 日读取）。

或语言学家经常给出不同的数据。总之，哈萨克斯坦是个多语国家，这些语言大部分都属于阿尔泰语系和印欧语系。哈萨克斯坦的语言多样性体现在生活的许多方面：截至 2008 年，哈萨克斯坦建有 365 个国家语言文化中心，几乎每个民族都至少有一个；剧场提供哈萨克语、俄语、德语、维吾尔语、朝鲜语和乌兹别克语的演出（Kellner-Heinkele & Landau 2012）；2011 至 2012 年，首都阿斯塔纳的语言景观（linguistic landscape）使用了哈萨克语（占 45.6%）、俄语（占 15.1%）、英语（占 13.6%）、阿拉伯语、土耳其语、乌兹别克语、格鲁吉亚语、西班牙语、汉语和维吾尔语（共占 25.7%）（Akzhigitova & Zharkynbekova 2014: 50）。尽管哈萨克斯坦的语言数量不少，但其中大部分语言的活力都不强，例如，有 42 种（约占 33%）语言的使用者分别不足 200 人（Smagulova 2006），这些语言基本可列入濒危语言的行列。上述表 1 也显示，使用人口占全国人数 1% 以上的语言只有 7 种，使用人口占全国人数 0.01% 以上的语言有 25 种。

1.2 哈萨克语和俄语

哈萨克语属阿尔泰语系突厥语族，是哈萨克族所使用的民族语言。它与突厥语族中的一些其他语言（如维吾尔语、柯尔克孜语、鞑靼语即塔塔尔语和乌兹别克语）相当接近，与吉尔吉斯语（Kyrgyz）和卡拉卡尔帕克语（Karakalpak）则更加接近。这些语言间的互懂度（mutual intelligibility）非常高，各语言的使用者无需翻译便可进行一般的交流。而俄语属于印欧语系中的斯拉夫语族，是俄罗斯族使用的民族语言。可见，哈萨克语与俄语是两种相差甚远的语言，它们属于不同的语系。

尽管哈萨克语是哈萨克斯坦的国语，但由于其国语地位历史不长，再加上哈萨克语使用领域不广，自身发展不强，所以哈萨克语主要在哈萨克斯坦的南部和西部得到广泛推广，而在北部和东部使用哈萨克语的人还不到一半（Arenov & Kalmykov 1997；Smagulova 2006）。不过，随着哈萨克斯坦的独立以及哈萨克语地位的提升，哈萨克语在本国的普及率越来越高。另外，哈萨克语还在哈萨克斯坦周边一些国家（如土库曼斯坦、乌兹别克斯坦、吉尔吉斯斯坦、中国、蒙古、俄罗斯、阿富汗和土耳其）使用，目前共有约 600 万使用者（Kellner-Heinkele & Landau 2012）。

在苏联统治时期，由于苏联中央政府的俄语推广政策以及俄语的强势地位，俄语和哈萨克语享有不同的地位和语言实践：俄语主要用于城市及正式场域，使用者大都是受过良好教育的人以及城市公民，而哈萨克语主要用于农村及生活场域，使用者大多是未受过良好教育的人及农民。人们对这两种语言逐渐形成了一种固定思维或语言态度：许多人（尤其是城市人）羞于在公开场合说哈萨克语，因为使用该语言容易被人嘲笑，而且，哈萨克语使人联系到"农村""落后"等观念。于是，有些人只能在家里或厨房里使用哈萨克语，用它来谈论一些生活话题。

而俄语则用来谈论政治、经济和科学等"高雅"话题（Kulzhanova 2012）。尽管哈萨克斯坦独立后，政府试图打压俄语和提升哈萨克语的地位，扭转哈萨克语的转用（Schlyter 2003; Fierman 2012），但俄语的普及率还是很高（Medvedev 2007）。事实上，要改变人们上述的语言意识形态以及重新建立自己正面的语言身份需要很长时间（Fierman 1998）。况且，哈萨克语的推广也遇到很多挑战：许多从国外回归的哈萨克族民众尽管在国外的哈萨克语社区保持了哈萨克语的使用，但他们用的似乎不是政府所提倡的那种语言变体；这些人中很多原先生活在非俄语国家，因此，他们根本不懂俄语或俄语水平很低，这阻碍或影响了他们在哈萨克斯坦的求职和生活；在那些来自独联体其他国家的哈萨克族民众中，很多人来自农村，他们俄语水平也不高。

　　根据 1999 年的人口普查数据，哈萨克斯坦全国主要民族对本族语、哈萨克语和俄语的掌握情况见表 3。

表 3　主要民族对本族语、哈萨克语和俄语的掌握情况（%）

民族	本族语	哈萨克语（国语）	俄语（官方语言）
哈萨克族	99.4	99.4	75.0
俄罗斯族	100.0	14.9	100.0
乌克兰族	16.1	12.6	99.5
白俄罗斯族	13.5	9.0	99.4
德意志族	21.8	15.4	99.3
乌兹别克族	97.0	80.0	59.2
鞑靼族	37.1	63.6	96.9
维吾尔族	81.3	80.5	76.1
朝鲜族	25.8	28.8	97.7

　　表 3 显示：第一，本族语掌握率较高的民族（从高到低）是俄罗斯族、哈萨克族、乌孜别克族和维吾尔族，较低的（从高到低）是鞑靼族、朝鲜族、德意志族、乌克兰族和白俄罗斯族。第二，哈萨克语掌握率较高的外族（从高到低）是维吾尔族、乌兹别克族和鞑靼族，哈萨克语掌握率较低的外族（从高到低）是朝鲜族、德意志族、俄罗斯族、乌克兰族和白俄罗斯族。第三，俄语的掌握率在各个民族中都较高。

2. 哈萨克斯坦的语言政策

2.1 语言的地位规划

　　苏联统治时期，哈萨克斯坦作为苏联的一个加盟共和国只能执行中央政府的语言政策：推广俄语和巩固俄语作为通用语的地位，弱化各民族间的语言差异

（Kuzhabekova 2003; Fierman 2006）。哈萨克语在各方面都不是俄语的竞争对手，俄语是高大上语言，是苏联各民族都想掌握的语言，而哈萨克语却是"厨房语言"（kitchen language），只能在农村得到保护和使用，或者是低工资、无技术含量的工作才会使用哈萨克语（Kulzhanova 2012）。

哈萨克斯坦在苏联解体前夕（1989 年）就推出了第一部《语言法》（*Law on Languages*），该法宣布哈萨克语为国家的唯一官方语言。该法提高了哈萨克语的地位，并被看作是哈萨克斯坦为"去俄罗斯化"（de-Russification）所迈出的第一步，该法受到俄语世界（Russophone）的关注（Kulzhanova 2012）。哈萨克斯坦独立后，许多官员及公民都认同先把哈萨克语提升为国语，然后再把它发展为"族际交际语言"（language of interethnic communication）。他们自己也知道哈萨克语还不足以与俄语竞争，故需从法律和宪法上来保证哈萨克语的地位（Dave 2007）。在独立时期，哈萨克斯坦语言地位规划的主要任务是解决哈萨克语和俄语的地位及其关系问题，其要旨是提升哈萨克语的地位以及降低俄语的地位。

1992 年的《教育法令》（*Decree of Education*）依据《语言法》重申了哈萨克语的地位，并设定了转用哈萨克语的截止日期：1995 前所有的政府交际要转用哈萨克语。1995 年未能实现该目标，于是，把截止日期延迟到 2010 年（Dave 2007）。后来又推迟转用时间，现在干脆淡化这一提法。可见，尽管哈政府决心很大，政治意志很强，但难以实现这一目标（Kulzhanova 2012）。Dave（2007）分析后认为，既然俄语是"族际交际语言"，俄语使用者就没有动力去学习哈萨克语了。而且，很多人都认为俄语使用起来更"舒服"。

1993 年哈萨克斯坦通过了独立后的第一部《宪法》，该宪法给了哈萨克语和俄语不同的地位：前者为官方语言，后者为"族际交际语言"。这一内容后来引发了哈萨克斯坦北部和东部的斯拉夫人（主要是俄罗斯民族）的不满和抗议，他们要求国家给予俄语与哈萨克语同等的地位（Smagulova 2005）。于是，1995 年通过的《宪法修正案》提高了俄语的地位，规定俄语在行政和公共事务方面享有同样的官方语言地位。事实上，该法把俄语提高到"官方语言"的地位，但未使用该词语。

1997 年哈萨克斯坦议会通过了新的《语言法》。主要内容有四个：第一，强化了哈萨克语的地位与传播。该法第四条指出，每个人都要学习哈萨克语，这是"每位公民的义务"（duty of every citizen），同时，国家有责任加强哈萨克语的本体发展，树立哈萨克语的权威形象和营造哈萨克语的学习氛围。第二，适当提高了俄语的地位。该法给予了俄语官方语言的地位，但其地位还是不如哈萨克语高。俄语仅在重要部门（如政府机关、军队、教育、商业等）与哈萨克语具有同等的地位，如该法第十三条指出，哈萨克语和俄语都可用作法院程序的工作语言。第三，明确了媒体领域的语言政策，如该法第十八条规定，本国的所有语言都可用于大众媒体，但媒体中用哈萨克语传播的信息总量不得少于用其他语言播报的信息量之和。第四，规定了公务员的语言要求，要求所有的国家干部必须在 15 年内（即到 2012 年）掌握哈萨克语。

1998 年的《宪法》要求国家总统及议长必须是能够流利使用哈萨克语的人。2001 年哈萨克斯坦通过了《大众媒体法》，该法规定：电子媒体（主要是电视和网络）中用哈萨克语表达的内容至少要达到一半以上，哈萨克语报纸至少要占全国总报纸的 22%。例如，2008 年哈萨克斯坦有 467 份哈萨克语报纸，874 份俄语报纸，879 份哈萨克语和俄语双语报纸，328 份其他语言报纸（Kellner-Heinkele & Landau 2012：113）。此外，哈萨克语在电视广播中的份额也越来越大，2008 年，俄语在电视广播节目中的比例下降到 34%。但多数人还是更喜欢使用俄语网站。

2.2 语言的本体规划

哈萨克斯坦的语言本体规划主要体现在哈萨克语书写体系的选择、术语的规范以及管理上。

哈萨克族原来使用以古突厥字母——鄂尔浑字母（Orkhon script）为基础的文字，后来改用阿拉伯字母。在苏联统治时期，哈萨克语从阿拉伯字母改为拉丁字母，20 世纪 40 年代又改为西里尔字母。1991 年独立后，政府就着手思考哈萨克语字母的拉丁化（Latinization）问题，但哈萨克斯坦国内对这个问题一直争论不休，暂未定法（Kellner-Heinkele & Landau 2012）。

在术语发展方面，由于哈萨克民族是游牧民族，哈萨克语有很丰富的畜牧业词汇，但哈萨克语的本体规划不是很发达，"不少日常生活现象都找不到相应的哈萨克语词汇，只能借用其他语言词汇"（Kulzhanova 2012：12）。此外，哈萨克斯坦还需要发展各领域的哈萨克语术语，并要求所有的人名和地名都用哈萨克语来表达，增加哈萨克语的出版物，发展哈萨克语在电子媒体中的应用。

2.3 语言的习得规划

哈萨克斯坦的语言习得规划主要是推广和普及哈萨克语，解决各教育阶段的教学媒介语以及语言教学等问题。

在苏联统治时期，俄语是哈萨克斯坦所有中小学的必修课程，也是大部分中小学的教学媒介。另外，基础阶段还有少部分以哈萨克语等语言为教学媒介语的学校。大部分学生家长都更愿意把自己的孩子送往俄语学校。而高等教育几乎都用俄语作为教学媒介语，哈萨克语只是少部分课程的教学媒介语（Kirkwood 1991）。

哈萨克斯坦独立后，政府就着手加强哈萨克语的推广与普及，以便在语言教育上实施哈萨克化（Kazakhization），但难度很大。目前，基础教育阶段以哈萨克语为教学媒介语的学校多于以俄语为教学媒介语的学校（详见表 4）。不过，从一年级起一直到中学毕业，这些学校都会把哈萨克语和俄语作为必修课程来开设。

全国只有 3.3% 的中小学生上以少数民族语言为教学媒介语的学校（Smagulova 2006）。在高等教育阶段，以俄语为教学媒介语的学校或课程多于以哈萨克语为教学媒介语的学校或课程（详见表 5）。Kellner-Heinkele 和 Landau（2012：109）指出：哈萨克语与俄语作为教学媒介语的竞争不管是在私立大学还是在公立大学都依然存在。另外，英语也加入了竞争的行列，尤其是在新建立的大学里。有些大学则从英美招募大量的教师，实行英语授课，以便提高大学教育的国际化水平（Zharkynbekova *et al.* 2013）。

表 4　哈萨克斯坦各教学媒介语中小学的数量统计（2000–2003 年）

年份	哈萨克语	俄语	乌兹别克语	维吾尔语	塔吉克语	乌克兰语	双语或多语
2000	3,545	2,356	81	13	3	1	2,008
2001	3,648	2,321	82	14	3	1	1,999
2002	3,632	2,199	78	14	3	1	2,062
2003	3,636	2,122	80	14	3	1	2,069
变化	略增	略减	基本不变	不变	不变	不变	略增

资料来源：引自 Kellner-Heinkele & Landau（2012）

　　表 4 显示：哈萨克斯坦的中小学生基本上是在哈萨克语、俄语和双语或多语为教学媒介语的学校就读，在其他少数民族语言为教学媒介语的中小学就读的学生就相对少了很多；近年来，各类教学媒介语学校在数量上变化不大，但哈萨克语及双语或多语学校略有上升，而俄语学校则略有下降。

表 5　高校教学媒介语与学生人数（2000–2006 年）

学年	学生总数	哈萨克语学校		俄语学校		英语学校		其他语学校	
		学生数	%	学生数	%	学生数	%	学生数	%
00-01	440,715	132,698	30.1	305,237	69.3	2,043	0.46	737	0.17
01-02	514,738	162,166	31.5	348,731	67.7	2,444	0.47	1,397	0.27
02-03	597,489	216,559	36.2	375,863	62.9	3,223	0.54	1,844	0.31
03-04	658,106	254,084	38.6	397,928	60.5	3,937	0.59	2,157	0.33
04-05	747,104	298,798	40.0	439,119	58.8	5,660	0.76	3,527	0.47
05-06	775,762	330,199	42.6	438,032	56.5	7,139	0.92	3,920	0.51
变化	增多	增多	上升	增多	下降	增多	上升	增多	上升

资料来源：引自 Kellner-Heinkele & Landau（2012）

　　表 5 的学生就读数量及所占比例体现了哈萨克斯坦高校教学媒介语的使用概况：哈萨克斯坦高校的教学媒介语还是以俄语为主，其次是哈萨克语，但俄语的使用比率在逐年下降，而哈萨克语却在上升；使用英语教学的比例虽然不高，但

在逐年上升，发展空间很大。

在外语教学方面，哈萨克斯坦大学所授的主要外语是英语、德语、法语、西班牙语、中文、土耳其语、阿拉伯语、意大利语和朝鲜语。哈萨克斯坦近年来重视英语的教学，现在许多年轻人都学过或能使用一些英语，也对英语感兴趣。2007年，哈萨克斯坦总统 Nazarbayev 宣布政府支持本国的"三语计划"（Trilingual Project）：哈萨克语、俄语和英语（Smagulova 2008; Kellner-Heinkele & Landau 2012）。事实上，"三语计划"就是呼吁人们要重视英语教育。

3. 语言生态及语言政策的特点

在语言生态上，哈萨克斯坦是个多民族、多宗教、多文化和多语言的国家；无论是在历史上，还是在当代社会，哈萨克斯坦的政治及社会语言生活都深受前苏联、俄罗斯及俄语的影响；独立后，哈萨克族人口比例越来越高，进而促进了哈萨克语的推广与使用，相反，俄罗斯族人口比例有所下降，俄语的地位也一度受到影响；但目前无论是在民族及语言使用的人口比例上，还是在语言的地位及使用领域上，哈萨克族和俄罗斯族都是哈萨克斯坦的主体民族，哈萨克语和俄语都是哈萨克斯坦的绝对强势语言；此外，哈萨克斯坦与周边国家之间存在不少跨境语言，所以，哈萨克斯坦与其他中亚四国及俄罗斯和中国之间存在密切的民族及语言纽带。

在语言政策上，苏联统治时期，俄语的地位高于哈萨克语的地位，但在哈萨克斯坦独立之后，情况则正好相反；当前，哈萨克斯坦的语言政策主要是处理好哈萨克语和俄语的地位关系：哈萨克斯坦的《语言法》《宪法》及其他相关的语言政策文件都表明，哈萨克语为国语，官方语言则为哈萨克语和俄语，但它们两者的使用域有所区别——哈萨克语在本国的日常使用范围内日渐强于俄语，但俄语是本国的"族际交际语言"及国际性较强的通用语，它在哈萨克斯坦的国际政治、经济、教育等高端领域仍然使用得较多；然而，哈萨克斯坦在强调上述两语的同时却对本国少数民族语言的规划重视不够；另外，哈萨克斯坦的语言政策不管是在地位规划和本体规划方面，还是在习得规划方面，都表现出不稳定的一面，这给本国的政治关系、民族关系、语言关系及语言学习都带来一定的负面影响。

4. 启示与结语

通过对哈萨克斯坦语言生态及语言政策的研究，我们获得以下三个启示：第一，国家的独立有利于本土国语的保护与发展。在苏联统治时期，哈萨克语只是一种"名义语言"（titular language），其地位和使用都难以得到保证。哈萨克斯坦国家的独立提升了哈萨克语在该国的地位，同时还促进了该国哈萨克族人口的增加，进而提高了哈萨克语的使用率。可见，语言（尤其是弱小语言）的发展一定需要政治的护航。第二，国家在强化国语的同时很容易忽略其他少数民族语言。

哈萨克斯坦刚独立时遇到的最大的困难之一是如何在缺乏民族凝聚力（national cohesion）的民众中培养民族国家的身份，如何让本国少数民族在心理上树立他们自己所特有的族群身份，同时还需留出一个特别的空间来容纳重新唤醒的国家身份（Sunny 2001；Cummings 2006）。在此过程中，俄语被打压，进而引发斯拉夫人的语言运动。其他少数民族语言也被完全遗忘，导致一些人移居海外。哈萨克斯坦与其他前苏联加盟共和国一样，"在通过提高名义语言的社会地位来恢复自己的国家认同感时，却忽略了本国的其他语言"（斯波斯基 2011：148）。可见，平衡国语的推广和少数民族语言的保护是任何国家的语言政策都必须考虑的，但又是难以解决的问题。第三，语言政策的制定要符合语言的发展规律。哈萨克斯坦刚独立时就想尽快地摆脱俄语，转用哈萨克语。语言政策的制定过快、过多，有点操之过急，结果是计划落空，并影响政府的形象。民众在选用语言时往往是根据语言的实用性、经济价值以及人们对它的语言意识形态等多元因素作出决定的，而这些因素是要通过漫长的时间才能发展起来的。所以，语言政策的制定者在制定语言政策时若不考虑到这些因素就必然会犯错误。

最后，简述一下本研究与我国社会发展的联系及其意义。自哈萨克斯坦独立以来，有越来越多的中国人（尤其是维吾尔族中国人）前往那里。哈萨克斯坦维吾尔族人数达 30 万人左右（包括入籍的以及没有入籍的），他们主要居住在阿拉木图（Arik 2008：145）。根据中国 2010 年人口普查结果，中国约有 146.2 万哈萨克族人口。中国的哈萨克族主要分布在新疆维吾尔自治区伊犁哈萨克自治州、阿勒泰、木垒哈萨克自治县和巴里坤哈萨克自治县，少数分布于甘肃省阿克塞哈萨克自治县。可见，哈萨克斯坦与我国都存在人口数量大、地域面积大的跨境民族（如哈萨克族、维吾尔族和东干族）和跨境语言（如哈萨克语、维吾尔语、柯尔克孜语和塔塔尔语）现象。此外，随着中国综合国力的上升，哈萨克斯坦有越来越多的人在本国或中国学习中文。哈萨克斯坦作为我国西部边陲的重要邻邦以及古代"丝绸之路"和当今"一带一路"沿线的重要成员国，与我国有大量的人员往来和经贸合作，了解和研究哈萨克斯坦的语言生态及语言政策对于促进两国的语言互联互通以及人文交流都将大有裨益。

参考文献

Akzhigitova, A. & S. Zharkynbekova. 2014. Language planning in Kazakhstan: The case of ergonyms as another scene of linguistic landscape of Astana [J]. *Language Problems & Language Planning* 38 (1): 42-57.

Arenov, M. M. & S. K. Kalmykov. 1997. The present language situation in Kazakhstan [J]. *Russian Education & Society* 39 (1): 73-83.

Arik, K. 2008. Central, western and northern Asian languages [A]. In P. K. Austin (ed.). *One Thousand Languages* [C]. Berkeley & Los Angles: University of California Press. 138-227.

Cummings, S. N. 2006. Legitimation and identification in Kazakhstan [J]. *Nationalism and Ethnic Politics* 12 (2): 177-204.

Curtis, G. E. 1997. *Kazakhstan, Kyrgyzstan, Tajikistan, Turkmenistan and Uzbekistan: Country Studies* [M]. Washington DC: Library of Congress Cataloging-in-Publication Data.

Dave, B. 2007. *Kazakhstan: Ethnicity, Language and Power* [M]. London: Routledge.

Diener, A. C. 2005. Kazakhstan's kin state diaspora: Settlement planning and the Oralman dilemma [J]. *Europe and Asia Studies* 57 (2): 327-348.

Fierman, W. 1998. Language and identity in Kazakhstan: Formulations in policy documents 1987–1997 [J]. *Communist and Post-Communist Studies* 31 (2): 171-186.

Fierman, W. 2006. Language and education in post-Soviet Kazakhstan: Kazakh-medium Instruction in urban schools [J]. *The Russian Review* 65: 98-116.

Fierman, W. 2012. Reversing language shift in Kazakhastan [A]. In H. F. Schiffman (ed.). *Language Policy and Language Conflict in Afghanistan and Its Neighbors: The Changing Politics of Language Choice* [C]. Leiden & Boston: Brill. 121-175.

Kellner-Heinkele, B. & J. Landau. 2012. *Language Politics in Contemporary Central Asia: National and Ethnic Identity and the Soviet Legacy* [M]. London: I. B. Tauris.

King, C. & N. J. Melvin. 2000. Diaspora politics: Ethnic linkage, foreign policy and security in Eurasia [J]. *International Security* 24 (3): 108-138.

Kirkwood, J. M. 1991. Russian language teaching policy in Soviet Central Asia, 1958–1986 [A]. In S. Akiner (ed.). *Cultural Change and Continuity in Central Asia* [C]. London & New York: Kegan Paul. 124-159.

Kuzhabekova, A. S. 2003. *Past, Present and Future of Language Policy in Kazakhstan* [D]. Grand Forks: University of North Dakota.

Kulzhanova, A. 2012. *Language Policy of Kazakhstan: An Analysis* [D]. Ph. D. dissertation. Budapest: Central European University.

Medvedev, V. 2007. The Russian language throughout the commonwealth of independent states: Toward a statement of problem [J]. *Russian Politics and Law* 45 (3): 5-30.

Schlyter, B. 2003. Sociolinguistic changes in transformed central Asian societies [A]. In J. Maurais & M. A. Morris (eds.). *Languages in a Globalizing World* [C]. Cambridge: CUP. 157-187.

Smagulova, J. 2005. On the likelihood of language conflict in Kazakhstan [A]. In H. Coleman et al. (eds.). *National Development, Education and Language in Central Asia and Beyond* [C]. Tashkent: British Council Uibekistan. 28-37.

Smagulova, J. 2006. Kazakhstan: Language, identity and conflict [J]. *Innovation: European Journal of Social Science Research* 19 (3-4): 303-320.

Smagulova, J. 2008. Language policies of Kazakhization and their influence on language attitudes and use [J]. *International Journal of Bilingual Education and Bilingualism* 11 (3-4): 440-475.

Smith, G. 1996. *The Nationalities Question in the Post-Soviet States* (2nd ed.) [M]. London: Longman.

Suleimenova, E. D. 2010. *Dynamic of Language Situation in Kazakhstan* [M]. Almaty: Almaty Publishing Co.

Sunny, R. G. 2001. Constructing primordialism: Old histories for new nations [J]. *The Journal of*

Modern History 83 (4): 862-896.

World Population Review [OL], http://worldpopulationreview.com/countries/kazakhstan-population/ (accessed 06/07/2015).

Zharkynbekova, S., D. Akynova & A. Aimoldina. 2013. Multicultural situation in Kazakhstan: Aspects of language studies [J]. *World Applied Sciences Journal* 27: 32-37.

博纳德·斯波斯基，2011，《语言政策：社会语言学中的重要论题》[M]，张治国译。北京：商务印书馆。

作者简介：张治国，博士，上海海事大学外国语学院教授。主要研究领域：语言政策及规划、语言比较教育。电子邮箱：zgzhang@shmtu.edu.cn

陈乐，上海海事大学外国语学院讲师，博士研究生。主要研究领域：语言政策及规划、语言比较教育。电子邮箱：lechen@shmtu.edu.cn

（责任编辑：李艳红）

语言外部化[*]

澳门大学　人文学院　**徐大明**

西悉尼大学　人文与传播艺术学院　**齐汝莹**

提　要：语言外部化现象可以从三个方面来总结：语言习得和语言使用的超人类发展；语言符号功能的超社会发展；语言认同功能的提升和减降。以人机对话为典型案例的语言使用是语言超越其生物性能的重要标志。以外语学习为典型案例的语言活动是忽视语言符号社会性的表现。以语言规划为典型案例的对语言认同的操控说明现代语言的人为性质。当前的各种语言外部化现象显示出多种语言学理论的局限：语言的生物基础理论限制了语言技术的发展；语言的符号学理论脱离了语言的社会现实；语言的文化学理论忽视了现代语言的发展动力。对语言外部化现象的讨论有助于理解人类语言产生和发展的机制，也有助于预见其今后的发展趋势。

关键词：语言外部化；人机对话；外语学习；语言认同；语言学理论

1. 引言

从语言的"内化"可以联想到语言的"外化"[1]。"外化"正式一点的说法是"外部化"，其定义是："将某事物放置到它本来的界域之外来处理"。例如，"语言"本来是指人类语言。让人学语言，是内部处理的正常现象，而尝试让黑猩猩学习人类语言的活动就是一个"语言外部化"现象。如果说黑猩猩学人话并不成功，而试图教它们学人话的努力也不过是个别现象；目前让机器学人话的努力却是更加普遍和值得注意的现象。

人类的语言习得曾经被认为是一个"内化"现象（Negueruela-Azarola 2013）。从社会语言学角度看，这是一个颇受欢迎的观点：也就是说，语言对于个体来说是外在的，尽管人类个体具有与生俱来的"语言习得装置"[2]，要获得语言能力还需要一个将外在的语言"内化"的过程。那么，与此相对应的"语言外化"，除了让非人类掌握语言的努力之外，还包括哪些内容呢？

从理论上讨论语言的外部化，首先需要确定语言的"本来的界域"，然后就可以发现人们是怎样将其"外部化"的。要确定语言的界域自然要先明确语言的定义，也就是说，先搞清楚"语言是什么"的问题。不然，不但说不清楚"语言外部化"，还可能产生更多的混淆。关于语言的定义，一个普遍接受的观点是"语言

[*] 本文曾在"2015语言经济学论坛"宣读，特此感谢与会学者的反馈意见。基金项目及项目编号：MYRG2015-00205-FAH。

[1] 语言学者比较熟悉"内化"的概念，因为有关理论认为语言习得就是一个"内化"的过程。

[2] 提出"语言习得装置"的生成语言学者也谈"内化"，但局限在个人心理学的角度；对该问题可另文讨论。本文的理论前提是：语言是社会现象，是言语社区的设施之一（徐大明2004，Xu 2015）。

是人类的交际工具"。与此相关的还有一系列细化的定义，如，"语言是人类特有的声音—意义符号系统，用于思维和思想交流"，"语言是人类社会历史文化的积淀，具有社会交际、社会粘合等功能"，等等。上述定义，不仅细化，而且各有侧重；但核心观点相同，特别是包含几个特征性概念如"人类""社会""文化"，等等。所以，我们可以先从这些特征开始：例如，使语言习得和语言使用超越人类范畴，就是语言的一个外部化现象；再例如，使语言超越或脱离社会范畴，也是一个语言外部化现象；再例如，如果说语言本来是一个文化现象，那么语言的"去文化"发展也成为一个语言外部化现象。

下面我们先从三个方面来讨论语言外部化现象，分别是"语言的超人类发展""语言的超社会发展"和"语言的超文化发展"。每一方面尽可能广泛地列举有关现象，并且分析和认定它们的"外部化"性质。在此基础上，讨论"语言外部化"现象产生和发展的原因，再讨论这些现象对理论语言学和应用语言学的挑战和启示。

2. 语言的超人类发展

首先需要澄清的一个问题是"语言"的界定，要把一些人们日常叫作"语言"而实际上不是"语言"的事物剔除，不能将它们与语言混为一谈。这些，如表示各种计算机指令集合的"计算机语言"，表示数学概念的符号系统被称为"数学语言"，表示人们有共同思想或想法时"共同语言"的说法，表示一种话语体系时所说的"哲学语言""后现代语言"等等，这些与语言有关或无关的事物，其本身不是语言学家所认定的"语言"，也不是人们一般认定的"语言"一词的本初意义所指；它们被叫作"语言"只是一种隐喻。它们既不是语言，也不是语言外部化现象；充其量不过是"语言"这一名称的"外部化"，而不是"语言"这种事物本身的外部化发展。

虽然"计算机语言"不是自然语言，而是一些计算机指令代码的集合，但是应用计算机语言开发的自然语言处理应用软件，其功能已经达到可以生成能与人类沟通的话语程度。这样一来，人类特有的使用语言传递信息的能力已经在一定程度上被计算机所获得。语言习得和语言使用，已经不再局限于人类之间。机器可以在一定程度上成功地取代人类个体，进行人机对话[1]。目前语言科技的发展，无论是在实验和研究的领域，还是已经进入市场的应用，均达到前所未有的水平，常常可以"以假乱真"，达到"人机难分"的程度。可以预见，不久的将来，随着"深度学习"技术的应用，人类应用语言完成的工作会越来越多地被机器所取代，人机之间的互动会越来越多地采用自然语言的界面。

---

1 2014年一个俄罗斯研究团队开发的聊天软件，模拟一个13岁的乌克兰男孩，取名"尤金"，成功地通过测试，使与其聊天的人认为它是个真人。

　　如果说，语言的习得和使用能力，语言作为一个符号系统、一个编码系统、一个信息系统，目前已经部分地承载和体现在人造设备上，而不仅仅由作为生物体的人类来记忆、存取、操作和实现，那么语言作为一个纯生物现象的界限就已经被突破。如果说，人类语言本来的存现界限是人类，目前的发展是出现了一些超人类的语言现象。当然，这些也都是人类活动的结果，所以是一个典型的"外部化"现象，是人类创意的一种表现。

　　除了原有的语言功能超越了其原来的实现途径，如会话功能被装备该功能的人造设备来完成，新增加的语言功能也可以看作语言外部化现象。这样一来，语言作为一个概念其内涵和外延就有所扩展。例如，人机交流还可以被认为仍然是人类使用语言。如果两个机器人碰到一起，开始一段英语对话，性质就进一步有所改变。计算机之间的通讯，在使用计算机语言的层面上，"语言交流"还只是一种比喻。但是，目前计算机对计算机的通讯也可以使用人类语言了（虽然没有达到完全替代计算机语言的程度）。这样一来，将语言的定义从"人类之间的交流工具"扩展为"人类和人类制造的智能体使用的交流工具"就似乎更妥贴一些。问题不仅如此，事实上，无论是在想象的世界还是在现实世界，人们已经试图用"语言"来与"外星人"对话。据报道，科学家们在综合众多人类语言语法系统的基础上设计出了与外星智能体对话的语法系统，以备不时之需。所以"语言"的概念不仅开始扩展到适用于人类和人类制造的机器人，还扩展到任何可与之沟通的智能体，这里当然亦可联想到人跟其他动物的沟通上去。事实上，在人类生活当中，人与其相伴的动物的许多沟通都是通过部分地使用人类语言来实现，但在以人类为中心的生活体系中这基本是单向的。动物们还不能以人类语言来向人类传达信息。然而，最近出现的"狗语翻译器"开始突破这一局限。这也是"语言外部化"的一个体现。

3. 语言的超社会发展

　　社会语言学家强调，语言不是一个纯生物现象，而是人类社会的产物。单个的人不一定需要语言来与自己沟通，与社会失去联系的人往往失去语言能力。并且，语言不是属于个体的，语言是社区的产物；生活在社区中的人才能够习得语言。所以才有"语言习得是一个'内化'的过程"一说。那么，语言究竟是否能超越社会而存在？一般来说不太现实，但目前发现了一些成功和不成功的努力，试图促使语言超社会化发展。

　　首先需要指出的是，所谓"个人化的语言"，如果不是指个体运用语言的特征和风格这一隐喻性的说法，在概念上是不能接受的。语言必定是社会的，即使是只剩下最后一位说某种语言的讲话人，他/她所提供的该语言的样本所代表的还是一个群体的语言，而不是其个人的语言。

　　语言依附于社会，具体的语言都是存现于具体的社区之中。目前所谓"濒危语言"，究其根本，是被社区放弃的语言，或者是行将解体的社区的语言。但是，如果我们记录一个行将消亡或已经消亡的群体的语言，那么，记录下来的内容，是否还是"语言"或语言的一个部分呢？

我们可以记录该语言的语音语法系统、词汇语义系统、例句和发音以至录音整段的谈话或故事。这些都是语言本身吗？或者，至少是语言的一部分吗？语言是什么？是"活的语言"——在社区中被使用的、不断发展变化的语言，还是既包括"活的语言"，也包括"死了的语言"呢？显然，许多语言学家认为，语言就是一个包括语音、语法、词汇的符号系统，如果还在使用中，就是活的语言；如果活着的人当中没有人使用这种语言，就是一种死去的语言。对于这些语言学家来说，活着或死去的语言都是语言。这样一来，语言就被抽象化了，抽象到可以脱离社会而独立存在了。

语言学家的抽象的语言是一个"去社会化"的语言，是对"语言"这一概念的扩展。这种对"语言"概念的扩展，即将语言学家的工作成果认定为一种语言的一个部分或者其全部，就是一个"语言外部化"现象。对于语言学产生之前的语言来说，语言学成果并不在语言的本来范畴之内。现代化的一个重要成果，恐怕就是语言的"语言学化"。在认定语言时，不仅语言学家的意见被推崇，语言学的描写和规定似乎也成为该语言不可缺少的一部分。

综上所述，语言的语言学化是语言外部化现象的一种，将脱离社会的语言符号系统认定为语言本身也是语言外部化现象的一种。在这种思想的影响下，产生了"外语学习"这种活动。"外语学习"是学习一种在学习者的社会环境中不存在的语言，所学的不外乎该语言的语法系统的知识。如果人们认为所学的仍然是语言，那么"外语学习"也是典型的"语言超社会化发展"的一种语言外部化现象。

"外语学习"的理念不仅脱离语言的"社会互动"的实质（徐大明 2014：12），而且与语言习得的"社会化"发展过程对立（徐大明等 1997：55-60）。一般情况下，这种学习不能获得正常的语言习得的效果。但是，"外语学习"有时奏效，往往是因为其实际情况是介乎"外语"和"社区语言"之间，得益于"准社区语言"的环境，或者是学习者随后进入目标语言社区通过语言知识向语言能力的转化而实现的（徐大明 2013：30）。

由此可以引入关于社会化的更具体内容的讨论。现代社会的大规模移民现象构成了"语言""言语社区"和"社区"之间错综复杂的关系。因此，出现了"言语社区"与"社区"脱节，"语言"与"言语社区"脱节的现象（Xu 2015：97）。一种语言本来是言语社区的一个设施，是社区互动的产物，为社区所用，由社区成员所共同拥有。但是，"城市化"形成社区重组的格局，以至于原来社区的语言被带入新社区。这一语言可能在新社区中扩散，逐渐成为新社区中通用的语言。或者，在进入新社区后，该语言没有机会扩散，而是被保留为家庭语言或者领域语言而使用。

以上的种种情况被纳入"语言城市化"的描写和分析（Xu 2015：101-103）。然而，"语言城市化"所指出的"语言—社区"二位一体的格局改变，同时也可以被认为是语言的超社会发展的一种表现。所不同的是，脱离原来社区的语言，并没有完全脱离社会，而是脱离了原来产生和维系它的一部分社会结构。脱离原来言语社区的语言，可能被移植到一个新的社区，也可能游离于社区之外，而产生"语言濒危"的情况。

与此相关的情况是：现代通讯技术的发展使得离开原居住社区的人员可以与原社区人员保持相当程度的互动。其互动的强度甚至可以不减言语社区成员的标准，因此形成了言语社区成员与地理经济社区成员不吻合的现象（Xu 2015：95-108）。

综上所述，语言的超社会化发展可以分为两类。一类是"语言'被脱离'社会"，即上述的对语言的"去社会化"的认识及其现实效应。这是语言外部化的一种表现突破了语言作为一个社会功能的界限。除此之外，具体的语言变体，如民族语言、地域方言等等，脱离其原来依附的社会结构而仍然保持一定的活力，这种现象也是语言外部化的一种表现，是具体语言的外部化的一种表现。

4. 语言的超文化发展

语言的文化性质和文化功能目前也在产生变化。文化是社会的产物，将语言脱离社会也导致其脱离文化。所以说，把种种语言仅仅作为不同的符号系统对待也是一种"去文化"行动。然而，不仅语言学家将语言从文化中分离出来，语言规划者们也在其中运作。政治家和行政管理者人为地调节和扩展语言的沟通和认同功能，使现代社会中语言的面貌远离语言作为人类进化过程的产物（或"副产品"）的本来面貌。语言作为文化的一部分，与民族和国家的产生和发展紧密相关。特别是在当代国家政治中，语言也成为一种政治工具。

现代技术允许我们记录语言的声音；之前，文字是记录语言的主要方式，以至于产生了书写和阅读的交流方式。在有文字记录语言之前，言语交流限于口耳相传的模式。因此，在人们开始将语言扩展到包括书面语言的时候，就是一个外部化的过程。随后的各种处理语言文字的技术也一次又一次地推动语言的外部化发展。因此，"外部化"总是相对而言的。语言在蜕变为现代语言的前后，也可以说是经历了一个外部化的过程。

"现代化"可以定义为包括工业化、都市化、世俗化等一系列变化的全球性的社会文化变迁，也包括相应的技术发展、市场和经济模式的变化、现代国家的建立等内容（Havilland *et al.* 2014：1-5）。这些只是过去几百年的历史，比起语言作为一种人类现象的产生和发展，作为一种文明现象的数十万年的历史，还是很短暂的。但就在这几百年的时间里，诞生了现代语言学，也产生了"语言"一般体现为"民族语言"的观念，产生了政治驱动的语言规划活动，也产生了经济驱动的语言扩散现象。而且，如上所述，产生了语言超越人类范畴和社会范畴的认识和实践的现象。

现代语言的产生作为一个语言外部化现象，是把"本来的语言"界定为"现代化"开始之前的语言。现代语言的特性是民族性、政治性和经济驱动性。下面将集中讨论"语言的民族化和超民族化""语言的政治化"和"经济和技术驱动的语言传播"三个问题。

首先是"语言的民族化和超民族化"。人类的历史被估计在几十万年至几百万年之间，而人类开始具备说话的能力被认为是在二十万年前。然而，"说话"和"语言"之间并不能划等号。现代人说话，总是在说某一种语言[1]。但是，当早期人类刚刚开始说话的时候，他们确实是在说某一种语言吗？这里我们不是在质疑最初的语音—语义系统的复杂性或稳定性，而是在比较语言在人类历史发展不同阶段的功能。语言的交流功能为其基本功能，自始至终从未改变；交流是为了社会合作，因此语言的社会功能也是定义性的功能。在这两点上，"说话"和"使用语言"可以划等号。然而，语言起源的研究指出，上述意义的"语言"产生于一个小群体的面对面的互动之中。由此我们注意到语言的多样性问题。语言产生之初，是否是多样性的，如果是，是否具有其所连带的认同功能？

现代语言学所研究的语言，从其研究内容和研究对象看，基本上都是针对语言的多样性的，无论是追寻其历史流变、分支分类，描写解释其各种样态，总结或发掘其内在原则和规律，都是在处理多样性的问题；尽管有人以其为研究的终点，另有人以其为研究的起点。换句话说，如果语言不存在多样性，当今的大部分语言学家可能就无事可做。

多样性的一个副产品是语言的认同功能。语言作为一个认同标记、认同工具，是现代语言的基本特征。这样说，似乎隐含了一层意思，现代语言的认同功能可能是其独特的功能，使其区别于"非现代语言"。可以想象，当语言在原始群落中产生的时候，语言变异是自然存在的，个体之间的语言差异也可以作为个体识别的标记。但是，从作用上看，它并没有发展成为常规性功能的动力。首先，在面对面交流情况下，说话人的识别不必通过间接的手段；其次，语言交流的特性是通过忽视个体变异来传递语义，以至说话人对于非系统性变异形式产生自动性过滤。因此，即使是在"原始语言"当中，"个人变异"也是无意义的内容。而且，原始社会的"个人认同"本身也是一个受质疑的概念。

当代"语言认同"的研究是社会语言学领域的一个部分，建立在"社会认同"的概念之上。语言变异研究针对的是群体性的变异，反映的是言语社区的社会结构。然而，较早的语言认同是"地域语言认同"，对方音方言的认同。更早的且目

---

1 在此我们也提示新近提出的"语言超越"（translanguaging）理论，指出新的"说话"和"语言"的分离现象（Li Wei 2015）。该理论针对的恰恰是言语活动被局限在语言认同理念中的情况。

前来说仍然最根深蒂固地存在于世俗观念中的是"语言认同"，而基本上表现在其负面形式，也就是"语言不认同"。其社会效应是，既然这个人说一种我听不懂的话，那他 / 她就是一个"外人"。从社会认同的角度来看，将某人当作外人，还不是最负面的认同。从历史记载看，古希腊和古代中国都有将异邦语言贬斥为非人类语言或非正常语言的情况，这就更增加了语言认同的一个负面的层次。

如果说，有人认为不能与之进行言语交流的人群是另类，这成为一个原始语言无认同功能的间接证据。也许它也是语言起源单源说的一个佐证。这一流传已久的观念是，能与我言语传情的才是"我类"；人们习惯于生活在一个单语社区之中。但是，无论单源或多源，语言总是推动多样性。即使是在同质性的小社区，语境局限的言语互动总会不断出现特殊性，而语言的灵活性不仅适应了当时当地的需要，而且形成了语言的历时流变。语言谱系和方言谱系说是一种单源说理论，语言地理类型学和克里奥尔语理论与多源说更为融洽。但各种说法都从不同方面支持了语言多样性是不可避免的观点。

终生生活于一个单语社区的人可能产生社区语言即人类语言的错觉。但是，社会的进步已经远远抛弃了这一落后的观念。与此同时，产生了具体的语言认同的观念，以至于在一些语言里，如英语，一种语言的名称往往等同于一个民族的名称[1]。也就是说，几乎凭语言就可以识辨一个人的民族身份，一个民族的特质几乎就体现在它独特的语言上。这些当然是一些过时的、简单化的观点，但其影响还未完全消除。

认识到语言多样化，承认其他社区的语言也是一种语言，接受并适应多种语言共存的事实已经是人类的语言认同向正面发展的一个新层次。然而，语言的隔阂功能被意识到了，成为社会组织过程中的一个手段。由此产生了"语言"和"民族"共构的过程。由于语言与社区的自然共构，语言规划自然是社区建设的重要手段。根据历史记载，无论是罗马帝国，还是中国的秦始皇时代，积极的语言传播和语言规划活动都已经开始，目的是维护和强化帝国的统治。民族语言和民族社区的意识则随着近几百年来民族主义的产生和发展逐渐强化。民族语言则随着近三四百年来民族国家的建立而成为一个显著的现象。因此，在很大程度上可以说，民族语言就是民族国家的民族建构实践的产物；换言之，是民族国家语言规划的产物。

根据言语社区理论（徐大明 2004；Xu 2015），自然形成的言语社区中会自然产生新的语言变体。传统的言语社区是社区成员直接互动类型的言语社区。而城市言语社区则是间接互动类型的言语社区。而更大范围的言语社区则需要有目的的规划和建设，其中包括设施建设，其首要设施自然是语言。这就构成了语言规划中的"本体规划"。

---

1 像 Chinese 一词表达多义的例子还有很多，如 Japanese、Portuguese，等等。

比较传统的语言规划理论将语言规划分为两部分：地位规划和本体规划。新近的语言规划理论包括了很多其他的内容，但仍然以上述两部分为基础或核心。现代语言规划活动主要是从第二次世界大战之后一系列新独立国家开始确立本国的"国语"和官方语言开始。通过立法和行政手段确立不同语言变体的功能和使用场合就是地位规划，配合地位规划的本体规划活动包括制定语言规范和应用语言规范，特别针对那些确定为国语、官方语言及标准语的语言变体。

根据言语社区理论（徐大明 2004；Xu 2015），语言规划就是"言语社区规划"，因为规划的目标、对象和范围都是一个特定的社区，一般确定的目标就是将一个政治社区建设成一个言语社区。如上所述，它是民族国家的民族建构活动的一部分，其哲学理念是：一个民族，一个社区，一种文化，一种语言。

在上述思想指导之下，不仅一个民族构成一个单语社区的理念被付诸实践，语言与民族文化的密切关系也受到重视，进而被理论化；该理论在民族国家的支持下被弘扬起来。随着现代化的发展，"现代化"的语言也随之发展。所谓现代化的语言就是民族化、政治化的语言，是被规划的语言。这种语言"既是交流工具，也是认同工具"。当代社会宣扬最多的文化差异，是"民族文化"的差异。而且，既然"语言是文化的产物，文化的载体，文化的传承手段"，语言就成了"民族的灵魂"，成为民族认同的重要手段。

语言学产生的社会历史背景是民族国家产生和发展的社会环境。因此，语言的基本单位被确认为民族语言。随即在国家政治的支持之下，方言连续体按照政治疆域被切割成一个个民族语言。随后，当一些国家不得不接纳和承认多语言和多民族的情况时，"国语"和"官方语言"应运而生，以区分不同语言的政治地位。

在这一过程中，语言的认同作用得到提升，而且被强行"民族化"，不能提升为民族语言的语言变体或者接受为"方言"，或者通过"标准化"的过程被消除了。这一时期，由于其超强的民族认同、地域文化的认同功能，语言获得了政治动员的功能，成为政治工具。其良性的反映可以是语言统一强化政治认同，其恶性的发展是语言冲突的产生。

语言的群体标识作用、政治象征意义、机构指示意义，以及语言的图腾化（石刚 2015：256-269）大大发展，成为 20 世纪现代语言的基本特征。然而，21世纪的新发展带来了新的语言外部化现象，其中包括上述过程的逆向发展，即语言的"去民族化""去政治化""去认同化"发展。

英语目前作为一种国际化的语言，大大消减了其"民族认同"的作用，人们不太有把握仅从语言录音来判断说话人的种族和民族。将英语作为国际组织的工作语言，显然不能说是因为它象征着英国或美国。"国家通用语"的概念也是一个语言去民族化的尝试。"国语"作为一个认同工具，有时成功，有时不成功，成功与否，都是外部化的表现。外语学习和语言的专业化、领域化以及"非人类化"的发展也都减弱了语言的文化认同作用。

如果说 20 世纪是语言的民族化和政治化的世纪，21 世纪应该是语言的去民族化和去政治化的世纪。有远见的语言规划者需要看到这一趋势。近年来的发展显示，语言传播和发展的动力越来越多地源自技术和经济的发展，并且不断冲破政治的桎梏，超越文化的传统和教育的支撑。我们不仅见到语言的国际化现象，还看到方言的去地域化现象、网络语言的产生和发展，以及语言的多功能多语体的扩展。

综上所述，语言的超文化发展可以分成两部分：一部分是原来作为民族语言的语言变体被有意识地去除民族文化的内容，以利其作为国际化语言的使用。另一部分是将原来的一种民族语言超越其文化社区来使用，作为另一民族社区的通用语言来使用或者作为多民族国家的国家语言来使用。而且，扩大其使用范围的语言，不仅扩大其交际功能，也扩大了认同功能。

5. 语言外部化产生的背景和原因

在讨论"外部化"问题的时候，我们需要注意"内外之分"是有一定相对性的。语言这一事物，自产生至今，也经历了许多重要的变化；在这一过程之中，本来是外部化的内容，可能随后就成为内部的部分，而不再被认为是外部化的处理。

因此，所有的外部化都是有条件的，根据特定的条件，特定的内容被确定为外部化了。例如，迄今人们仍然认为语言基本上是一个人类现象，在这一前提下，使用自然语言的人机对话可以被认为是语言外部化的表现；可以预见，当机器人和生物人"共享"人类语言的现象已司空见惯时，人机对话就不会有任何外部化的干系了。

除了突破"只有人能说话"这一局限之外，目前重要的外部化还包括"去社会化"的语言和"去认同化"的语言。下面分别举例说明。

以外语学习为例的"去社会化"语言活动之所以成为"语言外部化"，建立在两个条件之上：一是语言的正常形态是融于社区言语互动之中的，社区活动构成语言的疆域；二是虽然脱离社区实践的外语学习活动仍然被认为是语言活动。如果没有前一个条件，外语学习可以被认为是正常的内部处理。如果没有后一个条件，外语学习可以被认为是非语言活动。因此上述两个条件结合起来才把外语学习定义为语言外部化现象。

以地位规划为例的强制性语言认同，之所以成为"语言外部化"，也建立在两个条件之上：一是语言认同是言语社区互动的产品，言语社区内部的语言认同是正常的内容；二是虽然强制性语言认同不是自发产生的，缺乏客观性的基础，但是仍然产生了一定的作用和效果。这两个条件也是相辅相成的：没有前一个条件，无法区分内外，没有后一个条件则与语言拉不上干系。

在人类语言发展的 20 万年历史当中，上述三种外部化现象的产生各有其历史背景和特定的原因。首先，语言的超人类化发展，目前只是起始阶段；其背景是人类进入信息化和全球化时代，也达到了计算机科学和人工智能研究高度发达的水平。在信息生活中克服语言障碍和利用自然语言的便利需求与日增加，自然语言处理和机器翻译等语言技术的供给适应了这一需求。其次，语言学的"去社会化"发展及其在应用领域的影响是 20 世纪语言学的特征，目前由于社会语言学的发展，这一语言学的偏向已开始被纠正。外语学习和脱离实际的外语教育也在全球化的背景下渐渐退出历史舞台。全球化使几乎所有的语言都变成"社区语言"，从而可以通过社区实践来获得语言能力。再次，语言的超民族文化的发展也是当前的重要趋势，其背景是民族国家政治体系的式微，人类生活的专业化和国际化的发展。因此，与民族社区重合的言语社区开始松散，融于民族认同之中的语言认同开始独立显现。所以，目前语言去认同化也是一个初始现象。语言完全去认同化还无法预见，但是与民族认同的脱节将成必然趋势。

综上所述，超人类发展的语言外部化很有可能"由外转内"，在可见的未来，语言将不再是纯生物现象。超社会化的语言活动是一场误解，目前只能看作一次不成功的语言外部化的尝试。但是，随着语言超人类化和去认同化的发展，也许有朝一日可以成为现实。语言与文化的分离和剥离，是建立在语言的政治经济动力下的新发展，前景如何，尚未明朗。但是，过度的外部化不符合事物发展的规律，因此意图改变语言者仍需审时度势。

6. 语言外部化对语言学的挑战和启示

语言外部化对现有的语言学理论提出了重要的挑战，同时为发展新的理论提供了启示，也为应用语言学的发展提供了新机遇。关于语言外部化现象的讨论，特别有助于对于历史上和当前的语言现象的深入认识，使我们避免肤浅、片面、僵化的认识。

当前影响较大的语言学理论可以分成这样几类："生物语言学""符号语言学"和"文化语言学"。无需进入具体的理论的细节，我们就可以看到这些理论类型与上述的语言界域观念一一对应。生物语言学对应"语言是人类专有"的界域；符号语言学对应的是"语言是语音、语法、词汇构成的符号系统"的界域；文化语言学则对应的是"语言是民族文化的载体"的界域。

20 世纪中叶发展起来的生成语言学以语言习得的关键期为例证，推理人类个体具有与生俱来的"语言习得装置"，是"生物语言学"的一个典型例子。有关理论随后得到心理语言学、病理语言学的一些发现的支持，以语言来区分人类和其他动物的说法因此得到神经学、基因学方面的解释[1]。被誉为现代语言学开端的结构主义语言学，始于 20 世纪初叶，至今仍以其符号性的结构系统作为语言研究的基础而支撑着语言学。结构主义语言学、生成语言学和其他形式的形式语言学流

---

[1] 当然也有质疑，认为语言习得和语言使用在生理基础和思维机制方面没有独立性和独特性。

派的一致性在于把语言作为一个脱离了社会的形式系统来研究，其科学价值一方面可以联系到对人脑和认知的解释，另一方面解释该符号系统的结构性和复杂性，可应用于解决意义和形式之间的编码解码问题和人工智能的工程问题。"符号语言学"忽略了语言符号受到社会制约的问题，偏于抽象，常常与语言事实脱节，由此也影响到其解释力、可验证性和可应用性。

"文化语言学"也可以叫做"民族文化语言学"，强调语言是民族文化的积淀，甚至提出语言决定世界观的观点。文化语言学是社会语言学产生之前对语言认同作出最好解释的理论：语言是文化的一部分，是文化的重要体现和载体。普遍认为，语言之于文化的关系是毋庸置疑的。

在讨论外部化的时候，我们发现生物语言学理论符合语言的人类性的基本事实。结构主义的符号学本身具有重要的价值，但是将音义符号系统认定为语言本体是脱离实际的做法。民族文化语言学理论与当前世界的民族语言分类吻合，相互支撑，但它混淆了作为历史文化和民俗文化产物的语言与作为政治体制产物的语言的界限。

虽然生物语言学基本符合事实，但新的事实会使其落伍。符号语言学基本背离了语言事实，但是一次重要的外部化的尝试。文化语言学符合一部分事实，但是不符合另一部分事实。前一部分是言语社区中自然产生的语言，后一部分是现代国家制造出来的语言。

生物语言学理论帮助我们认识语言科技发展的颠覆性质。这里外部性体现在语言学理论所概括的内容之外。符号语言学本身是一个外部化的尝试，而且是不成功的尝试，从反面帮助我们认识语言的社会性本质。文化语言学像生物语言学一样界定自然语言的界域。自然语言有自然性的文化认同。因此有必要区分当代的认同语言有哪些是自然认同，有哪些是缺乏自然认同的政治认同。后者就是明显的外部化的尝试。现在看来，国家言语社区的建设恐怕是难以避免的现象，但是否就是一条人类发展的必由之路还很难说。尽管如此，以文化语言学理论为准绳，政治语言规划就是一个外部化的尝试。

综上所述，语言学理论可以对号入座地进入语言外部化的模式，有的提供内外分界的依据，有的成为越界的尝试。反过来说，有的是对现有认知的概括，有的是超越现实的推演。

除了理论方面的挑战和启示，语言外部化研究也为应用语言学的发展提供了机遇。通过对语言的生物性、符号性和民族性的深入的认识，我们可以在应用方面进行新的尝试。

如果说 20 万年前人类基因的突变构成了人类语言产生和发展的基础，21 世纪的科学技术则开创了人类语言超越其生物基础而发展的机遇。如果说一百年前现代语言学的产生象征着语言的超社会化发展的时代起始，当前语言学跨学科的发展和应用才初步收获了一些实现的成果。如果说语言的认同功能是伴随现代化而产生的，全球化推动的后现代化时代的到来将导致语言认同功能的弱化或终结。伴随这一趋势的是语言规划内容的逐步转变，语言规划虽以政治导向开始，今后将会向经济主导的方向转变。

展望未来，语言的多样性将会有外部性的发展，旧的多样性将会被新的多样性所取代。人类语言作为一个生物的、社会的、文化的事物，在各种外部化的冲击之下会改变其性质而获得新的本质，或者消除其界限而融入新的事物。

参考文献

Havilland, W., H. E. L. Prins, B. McBride & D. Walrath. 2014. *Cultural Anthropology*: *The Human Challenge* (14th edition) [M]. Belmont: Wadsworth.

Li, Wei. 2015. Moment analysis and translanguaging space: Discursive construction of identities by multilingual Chinese youth in Britain [J]. *Journal of Pragmatics* 5: 1222-1235.

Negueruela-Azarola, E. 2013. Internalization in second language acquisition: Social perspectives [A]. In C. A. Chapelle (ed.). *The Encyclopedia of Applied Linguistics* [C]. Malden & Oxford: Wiley-Blackwell. 1-8.

Xu, D. 2015. Speech community and linguistic urbanization: Sociolinguistic theories developed in China [A]. In D. Smakman & P. Heinrich (eds.). *Globalizing Sociolinguistics*: *Challenging and Expanding Theory* [C]. London & New York: Routledge. 95-108.

石刚，2015，近代日本的语言观念与中国 [A]。载李向玉（编），《澳门语言文化研究（2014）》[C]。澳门：澳门理工学院出版社。256-269。

徐大明，2004，言语社区理论 [J]，《中国社会语言学》（1）：18-28。

徐大明，2013，语言能力、语言意识和语言素质 [A]。载李向玉（编），《澳门语言文化研究（2012）》[C]。澳门：澳门理工学院出版社。26-37。

徐大明，2014，母语平等政策的政治经济效益 [A]。载李向玉（编），《澳门语言文化研究（2013）》[C]。澳门：澳门理工学院出版社。9-18。

徐大明、陶红印、谢天蔚，1997，《当代社会语言学》[M]。北京：中国社会科学出版社。

作者简介：徐大明，澳门大学人文学院教授。主要研究领域：社会语言学、语言规划学。电子邮箱：xudaming@nju.edu.cn

齐汝莹，博士，澳大利亚西悉尼大学人文与传播艺术学院副教授。主要研究领域：二语习得、双语教育、应用语言学。电子邮箱：r.qi@westernsydney.edu.au

（责任编辑：李艳红）

中国少数民族语文政策知识库的
构建及应用*

教育部 语言文字应用研究所／北京语言大学 中国语言政策与标准研究所／中央民族大学 国家语言资源监测与研究少数民族语言中心 **陈丽湘**

提 要： 本研究对少数民族语文政策知识库的构建过程、主要功能进行介绍；并通过具体实例展示如何利用领域知识库的知识信息进行语文政策扩散分析、历程分析。研究结果期待能在为语言政策和语言规划研究提供良好服务的同时，为语言文字政策的研究提供新的研究视角和方法论的参考。

关键词： 少数民族语文政策；知识库；知识扩散；发展历程

1. 引言

中国少数民族语文政策知识库的构建，是对与中国少数民族语言文字政策相关的文件中的信息和知识，做一次大规模的收集、整理，并进行数据化和结构化的过程。知识库的构建，方便了信息和知识的检索，因其更加智能的实用性功能，而优于传统数据库。中国少数民族语文政策知识库的构建能解决目前少数民族语文政策查询困难、查全率低等实际问题；是推动语言政策向定量研究发展的重要辅助渠道；也能为国家相关部门了解、制定和完善国家少数民族语言文字政策提供有效的服务和参考。

2. 少数民族语文政策知识库的构建

少数民族语文政策知识库是以新中国建立以来与少数民族语文政策相关的文件为研究对象，包括我国的宪法，民族区域自治法、民法等基本法律，义务教育法、国家通用语言文字法等一般法律，各省（区）市的法律法规，民族自治地方的自治条例、单行条例，以及国家、地方政府（部门）制定的非法律的规范性文件，至 2015 年 8 月 31 日，共计 1,627 个相关文件。构建的主要过程包括：

2.1 知识标注

对少数民族语文政策文件进行标注是构建知识库的重要环节，是将各类信息和语义特征以统一的格式附加于文本的过程。标注后，能较明显地提高信息检索的速度和准确性；标注也是建立知识关联的基础，能提升政策文本的可利用价值。

---

* 本研究系国家语委十二五科研规划项目"少数民族语言文字政策法规研究及知识库构建"（项目编号：YB125-198）的阶段性成果。

2.1.1 政策文件的属性关联标注

文件外部属性标签包括：【标题】【编号】【发布部门】【发文字号】【批准部门】【发布日期】【实施日期】【时效性】【效力级别】【法规类别】【适用地区】【适用民族】[1]【上位法】【全文】等 14 类，外部属性的标注可以提供同类联想等智能知识服务。

2.1.2 政策文本的内部知识标注

内部知识标注，指的是对与少数民族语文政策相关文件中的所有条文进行内容上的逐一标注，是针对内容的深入标注。文件内部属性标签分为四级类目，包括 16 个一级类目、59 个二级类目、92 个三级类目和 28 个四级类目，共计 997 个内容标签，能提供最基本、最核心的内容检索和知识推荐服务。

2.2 语义网构建

语义网络关系的建立是知识之间进行关联和知识获取的基础。本研究知识语义网络的构建主要来源于两部分：一部分是政策文本内部标注的知识之间的关联（内部网络）；一部分来源于政策文件外部属性之间的关联（外部网络）。两部分共同构成知识网络，能实现知识之间的组织、传递和应用。

2.2.1 领域知识分类

本研究的领域知识分类参考了语言学、民族学、政策学研究领域专家的分类方式，其中主要参考了孙宏开（2015）[2]、黄行（2010）[3]、布和等（2000）[4] 在对民族语文政策研究的过程中，对少数民族语文政策内容进行阐述时所涉及的分类方式；参考了《国务院公文主题词表》中分类形式和结构体系；并依据少数民族语文政策文本的内容，考虑到计算机进行检索和处理的需要，最终形成了 16 个大类：语文地位、语言权、民族语文的保护与发展、民族语文信息化领域、行政领域、教育领域、新闻媒体出版领域、社会用字领域、法制领域、文化科技领域、需求领域、优惠政策、语言文字管理、财政支持、文字使用要求、奖惩措施。

---

1 因我国与少数民族语文相关的政策以属地原则为主，以属人原则为辅，因此"适用民族"的外部属性，在具体利用时，仅具有参考意义，具体情况应参照文件的相关条文。

2 孙宏开先生在文中提到了 20 世纪 80 年代至今，我国少数民族语文在行政、司法、传媒、社会、影视、新闻出版、语言传承等领域得到了广泛的应用。

3 黄行从语言文字的法律地位、公民的语言权利和义务、行政领域、教育领域、媒体领域、司法检查领域、服务领域对国家通用语言和少数民族语言法律法规进行比较评述。

4 布和等从政治生活领域、教育科研、文化及其他领域论述了我国的民族语言政策对少数民族语言文字使用的保障。

2.2.2 语义知识网络

　　少数民族语言文字政策文本标注的属性和内容标签的标注属于少数民族语文政策知识库中最基础的"知识"，通过程序对所有文件的知识内容的获取，获得学科知识关系，描述出各知识点之间的关系，建构了领域关系、上下位关系、地域关系、近义或同义关系等语义关系（如图1）。在知识获取和描述过程的总体设计上，采用了自下而上的概念体系，综合标签信息，确定类名、属性关系，类名与所包含的知识点之间采用继承关系，实现未标注知识的获取，最终形成一个立体的、直观的语义关系网络。

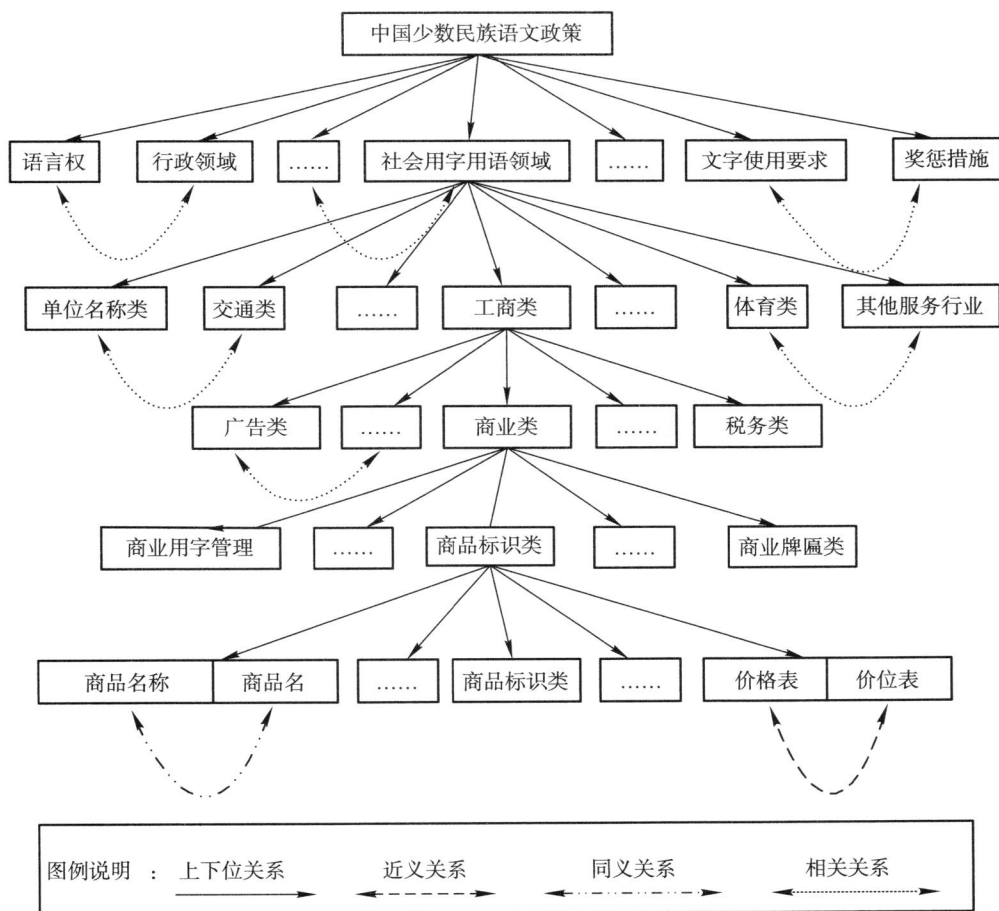

图 1　中国少数民族语文政策知识库语义关系图

2.3　知识库的实现

　　在深度标注、语义知识网络构建的基础上，中国少数民族语文政策知识库采用了 Lazarus 面向对象语言开发，后台使用 Mysql 数据库，采用 Client/Server（C/S）

架构，实现了对知识库数字内容资源的有效组织和利用，并在此基础上搭建了数字化的民族语文政策知识信息服务平台，实现了个性化检索的同类联想及语义推荐等智能化需求服务。

3. 少数民族语文政策知识库的主要功能

目前，本知识库主要提供四方面的功能：知识管理、知识检索、知识统计分析以及其他辅助功能，具体功能如图 2 所示。

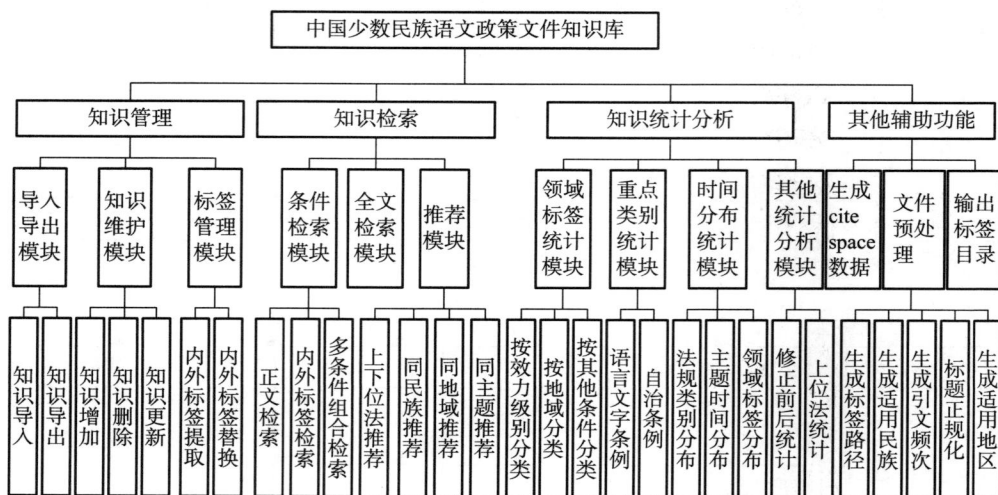

图 2　中国少数民族语文政策知识库结构图

其中，知识检索和知识统计分析模块是知识库最核心的两大模块。知识检索是中国少数民族语文政策文件知识库展示的主要方式，是快速获取知识的便捷途径。本知识库的核心功能包括以下几方面。

3.1　全文检索与语义推荐

全文检索及实现语义推荐是知识库区别于普通数据系统的重要标志。全文检索与语义推荐界面分为四部分：关键词输入区、精确搜索结果区、语义推荐结果区和文件详情展示区。功能界面如图 3 所示。

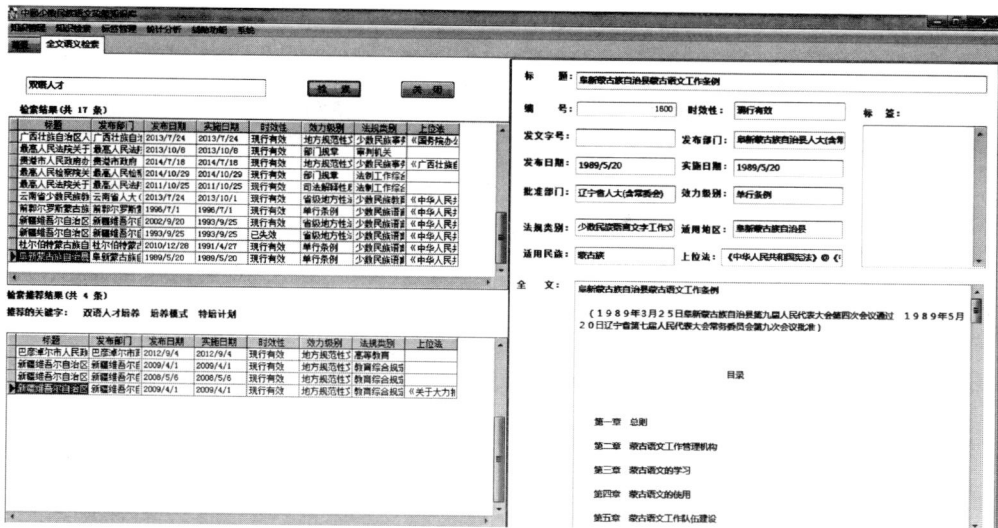

图 3　全文检索与语义推荐功能界面

　　本研究中的全文检索是对政策文件的标题和正文的检索，当文件标题中含有检索关键词时，会优先推荐。本研究在标题和正文两个字段上建立全文检索的索引，全文搜索索引可以大大提高检索的效率，文件数量越多，优势越明显。

　　智能语义推荐功能是本知识库的一大特色，也是区别于一般数据库功能的重要方面。该功能基于领域知识标注体系和近义词表实现，不仅能对所标注知识相同节点的关键词进行自动推荐，也能对近义、同义、相关关系的关键词进行推荐。语义推荐功能有助于查询者在更方便、快捷、全面地了解到相关主题的所有知识信息和文件的同时，也避免了不同地域文件在对同一问题不同表述时出现的查询不全等问题的发生。

3.2　多条件组合检索与同类联想

　　多条件组合检索是用户最常使用的模块。功能界面分为四部分：检索条件区、检索结果区、同类联想区、文件详情展示区。功能界面如图 4 所示。

　　本知识库提供的多条件组合检索功能强大，使用起来灵活方便，可支持多达10 个条件的组合查询。可满足普通用户的绝大部分检索需求。支持多条件组合检索的同时，知识库还支持政策文件的同类联想功能。在选中任意一个政策文件的同时，知识库会为用户推荐与选中文件同类的文件，包括：同民族联想、同地域联想、同法规类别联想、被引用联想。双击联想结果就可以进入该联想文件的详情页面，且可进一步进行联想。多条件查询能使查询者准确定位到所需要的信息，其联想功能能为研究者提供同类别的参考和服务。

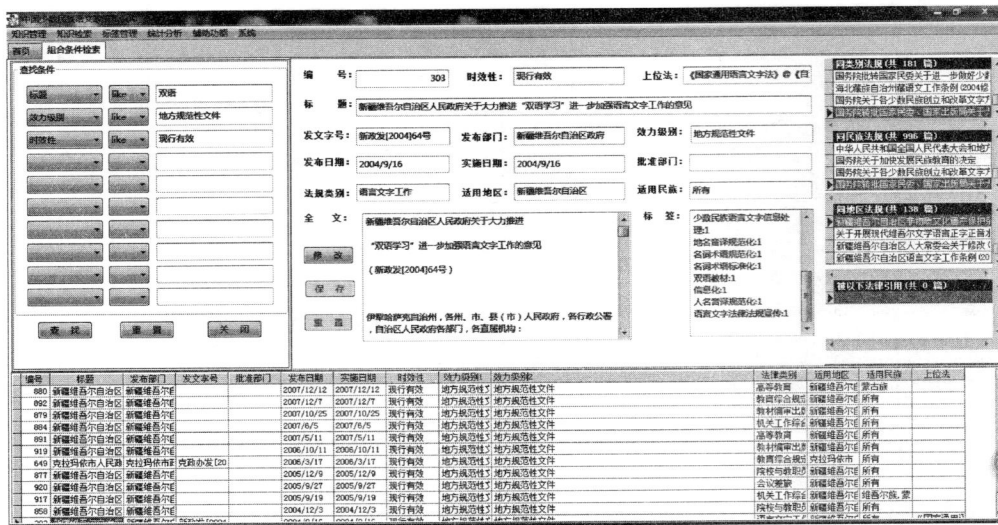

图 4　多条件组合检索与同类联想功能界面

3.3 可视化展示模块

中国少数民族语文政策知识库的一大特色功能是在数据统计分析的基础上提供可视化展示的功能。如图 5 所示：

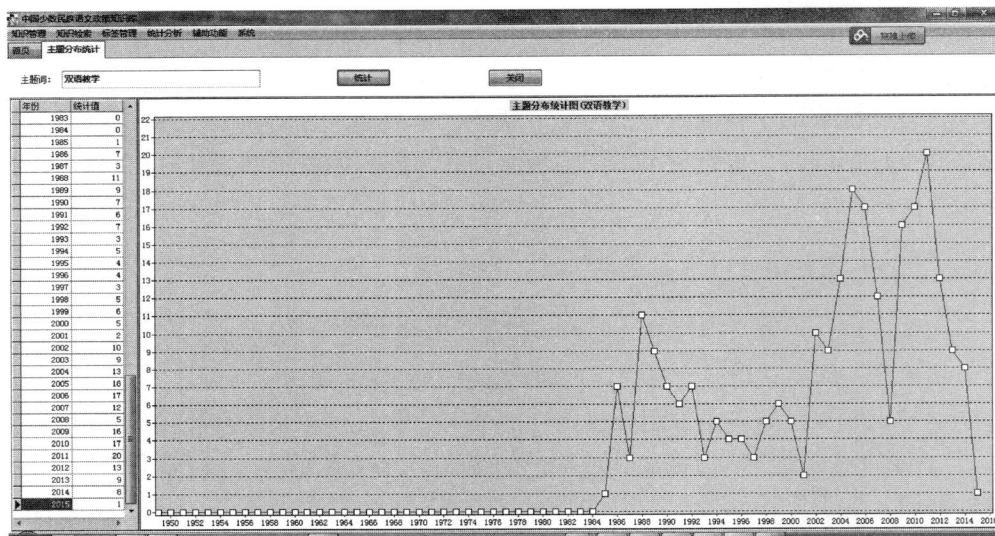

图 5　主题时间分布图

图 5 展示了"双语教学"主题在历年政策法规中的体现，便于研究人员对其发展过程和发展趋势进行较快的了解，对相关部门的政策研究和预测具有一定的辅助作用。

4. 少数民族语文政策知识库的应用举例

少数民族语文政策知识库的构建，是实现对大量少数民族语文政策文本整体把握的基础。知识库构建过程中，大量知识被编码化和数字化，信息变得有序，通过所构建的语义网络，能发现更多的隐含知识和规律。研究者可以利用少数民族语文知识库本身的查询和统计功能，辅以计算机程序，实现对我国少数民族语文政策的整体内容和特征的数据提取，并进行客观分析和可视化展示。

4.1 应用举例1：基于领域知识库的"双语教学"政策扩散分析

基于领域知识库知识关联的"双语教学"政策扩散分析是以时间为视角，利用计算机程序对"双语教学"主题知识扩散过程进行精确跟踪，从层级、领域、地域三个层面综合分析"双语教学"政策的传播过程，探究围绕领域或主题中心内容的相关标签关键词数量的增长状况；及其在不同效力级别、不同地域之间的传播和发展情况，了解"双语教学"政策被采纳和深化过程，总结规律。

具体过程：（1）通过计算机程序提取"双语教学"主题的相关标签目录及叶子节点关键词，记录叶子节点首次出现的年份和出现的总频次，绘制政策内容扩散散点图（图6）；（2）选取叶子节点中总频次最多的标签关键词作为地域、时间深入分析的视点，利用计算机程序提取与此标签关键词对应的所有政策文件的名称、时间、适用地区等信息，绘制标签关键词地域、时间主题扩散网络图（图7）。

"双语教学"主题内容扩散散点图，横轴是时间线，竖轴上的关键词是相应年份少数民族语文政策文件中出现的与"双语教学"相关的政策关键词。整体来看，图6记录了我国少数民族语文政策中对"双语教学"的思想从基本理念的提出到体系逐渐完善的整体内容发展过程。从图6可以看出，自1984年的《民族区域自治法》（第37条和第49条）成为制订双语政策的基本思想和重要依据以来，得到了各地域的广泛重视，"双语教学"频次非常高。自1999年开始，双语教学的体系开始建立，相关的同主题的关键词随时间逐渐增多，表明政策内容不断增长，体系不断完善，到目前为止已经形成了相对完整的体系。

据统计，自1984年至今，在已颁布的少数民族语文政策文件中，关键词"双语教学"共计出现了259次，分布在240个文件中。针对这些文件进行时间和地域两个维度的扩散情况，绘制"双语教学"关键词地域、时间扩散网络图，如图7所示。

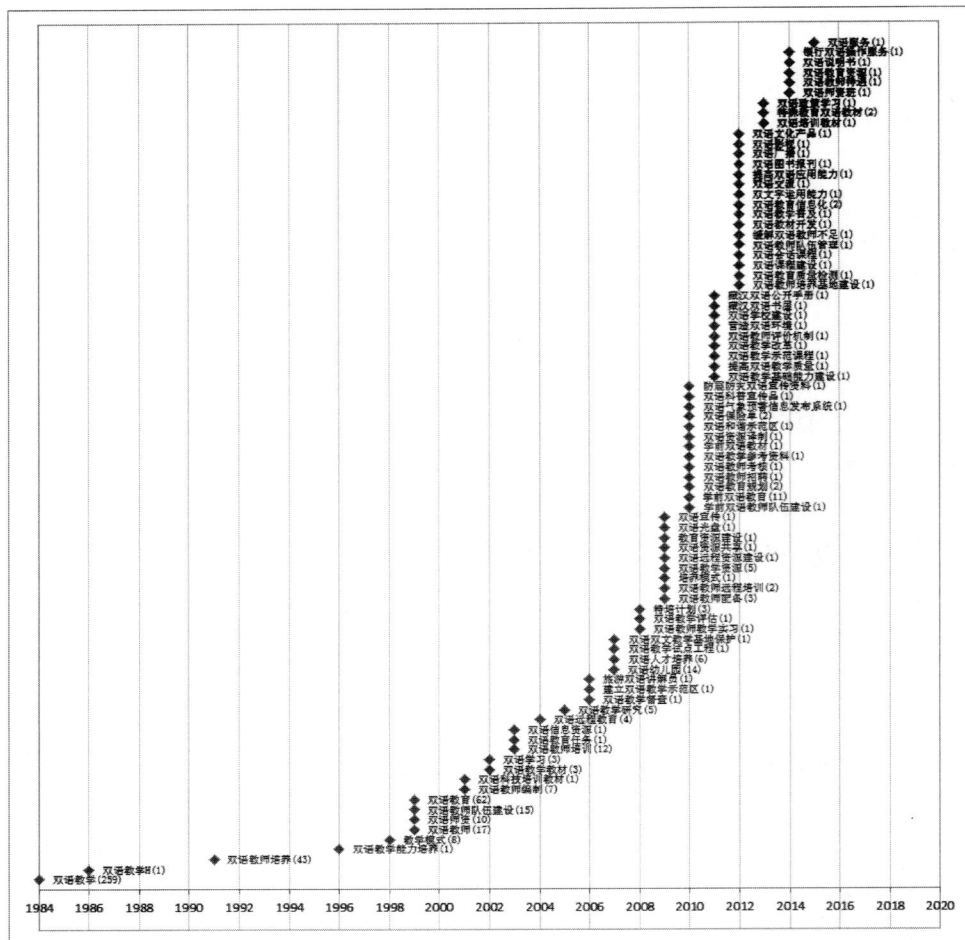

图6 "双语教学"主题内容扩散散点图

从"双语教学"的地域、时间扩散网络图可以看出,"双语教学"所涉及的政策文件数量多,范围广。图中主线是国家层面的政策文件,双语教学是双语教育实施的有效途径,自 1984 年在《民族区域自治法》中已有基本的思想表述后,国家层面的重要文件都对"双语教学"非常重视:2002 年,国务院在《国务院关于深化改革加快发展民族教育的决定》中提出了"大力推进民族中小学'双语'教学";2010 年《国家民委关于做好少数民族语言文字管理工作的意见》强调了"要做好双语教学工作";2010 年《国家中长期教育改革和发展规划纲要(2010–2020 年)》规定:"大力推进双语教学"和"全面加强学前双语教育"。在国家层面颁布的与民族语言文字、教育等类别相关的重要文件均对"双语教学"作出了规定和指示,充分表明国家对"双语教学"的重视。2015 年 8 月 11 日国务院颁布《国务院关于加快发展民族教育的决定》,全面贯彻了党的十八大以及习近平总书记系列重要讲话精神,提出"科学稳妥推行双语教育"的思想,是"双语教育"

重要的指导性文件。从引出的辅线可以看出"双语教学"政策在不同地域的被采纳时间以及在不同省区的被采纳的发展速度。"双语教学"在我国大部分省区的地方性法律法规中都有相关表述，《自治条例》中的相关表述是各民族自治地方实施"双语教学"的重要法律保障。通过政策在层级间、地域间的扩散过程，可以分析政策的源起、去向及其具体发展过程，领域间知识扩散可以客观地观察出政策体系的形成过程。

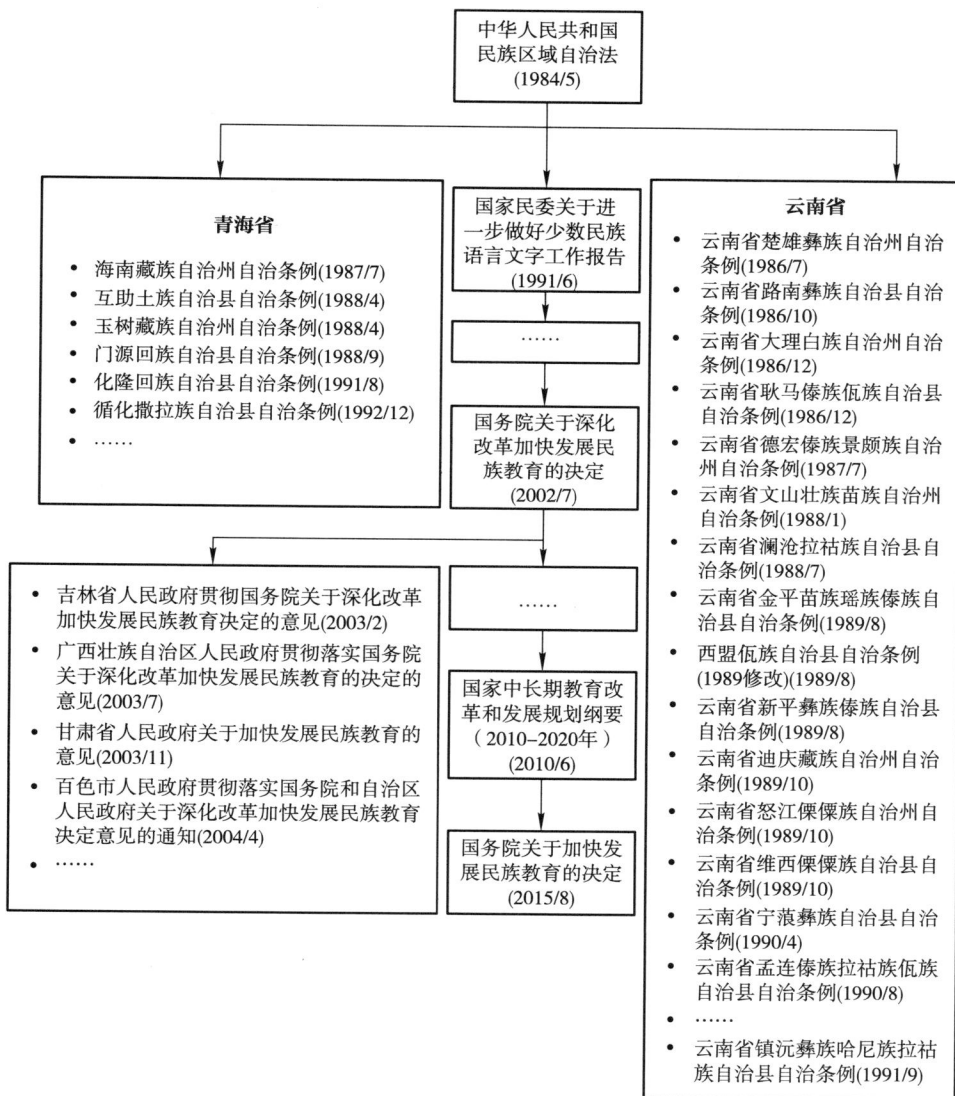

图 7 "双语教学"地域、时间扩散网络图 [1]

---

1 上图属于部分内容展示图，由于"双语教学"涉及的政策文本达240部，所占篇幅较大，本文中仅列出部分内容，需要完整展示图可直接与作者联系。

中国少数民族语文政策知识库的构建，为少数民族语文政策领域和主题的政策扩散的实证研究提供了良好的基础和数据，政策扩散的研究过程可以辅助政策制定部门和政策研究者从一定角度客观、真实地了解政策的被采纳过程、政策的深化及创新过程以及政策在各地域的执行力度等问题。

4.2 应用举例2：基于知识标注信息的少数民族语文政策历程分析

语言文字政策并非一成不变，而是一个随社会发展和语言文字变化及时调整的动态过程。我国的少数民族语言文字政策至今经历了六十多年的历史，政策文件数量和内容的变化，能在一定程度上表明政策发展的趋势。基于对文件的外部属性和内容的标注信息和关系网络，借用信息计量学的可视化分析工具CiteSpace，可以对我国少数民族语文政策文件的动态发展过程进行定量分析和可视化展现，发现我国少数民族语文政策在不同历时阶段的重点关注领域。

具体过程：（1）提取少数民族语文政策知识库中所有文件，依据知识库中对文件外部属性标签，利用计算机程序进行统计，绘制少数民族语文政策颁布时间折线图（图8）；（2）从少数民族语文知识库提取政策文本文件中的标签关键词、时间、频次等信息，利用知识库的辅助功能形成CiteSpace的数据处理格式，并利用CiteSpace软件绘制热点可视化时区图谱（图9）。图8和图9展现了我国少数民族语文政策的发展过程，并对少数民族语文政策发展过程中的热点作出客观展示。

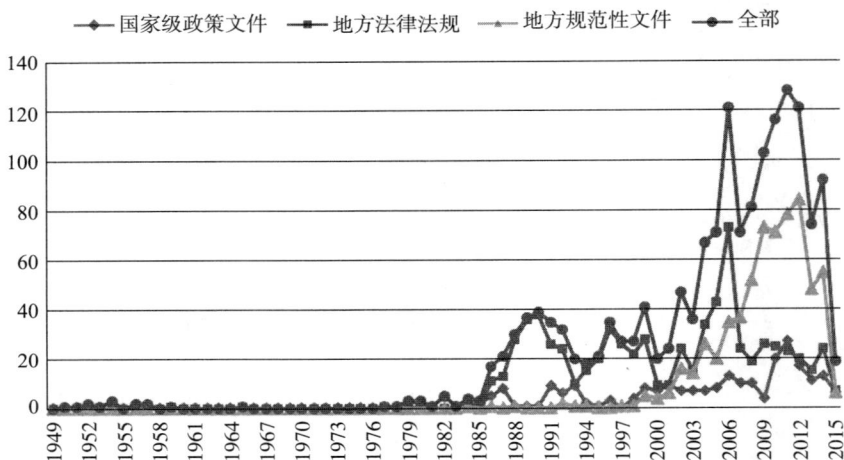

图 8　少数民族语文政策颁布时间统计图

图8的横轴表示时间，纵轴表示政策文件的数量。图中的四条折线分别代表从1949–2015年国家级政策文件、地方法律法规、地方规范性文件以及全部文件颁布数量上的变化：随着时间的推移，各层级的少数民族语文政策的文件数

量都随之增长，表明国家和地方政府非常关注少数民族语言文字的使用和发展。国家级的政策文件是地方性政策文件制定的重要依据，具有重要的导向作用，图8的折线趋势可以看出在国家级政策文件颁布后的一段时间内，非国家级的相关政策会随之制定；其中地方政府颁布的地方规范性文件，在2002年之后增长趋势明显。

我国的少数民族语文政策，在不同的历史阶段，关注重点有所不同。借助CiteSpace软件绘制热点可视化时区图谱（图9）[1]，将不同时间段的政策主题词放在时间序列上可以展示政策主题变化，从中可以探寻少数民族语文政策发展的动态过程，寻找政策文件在历时过程的制定热点及其演化趋势。

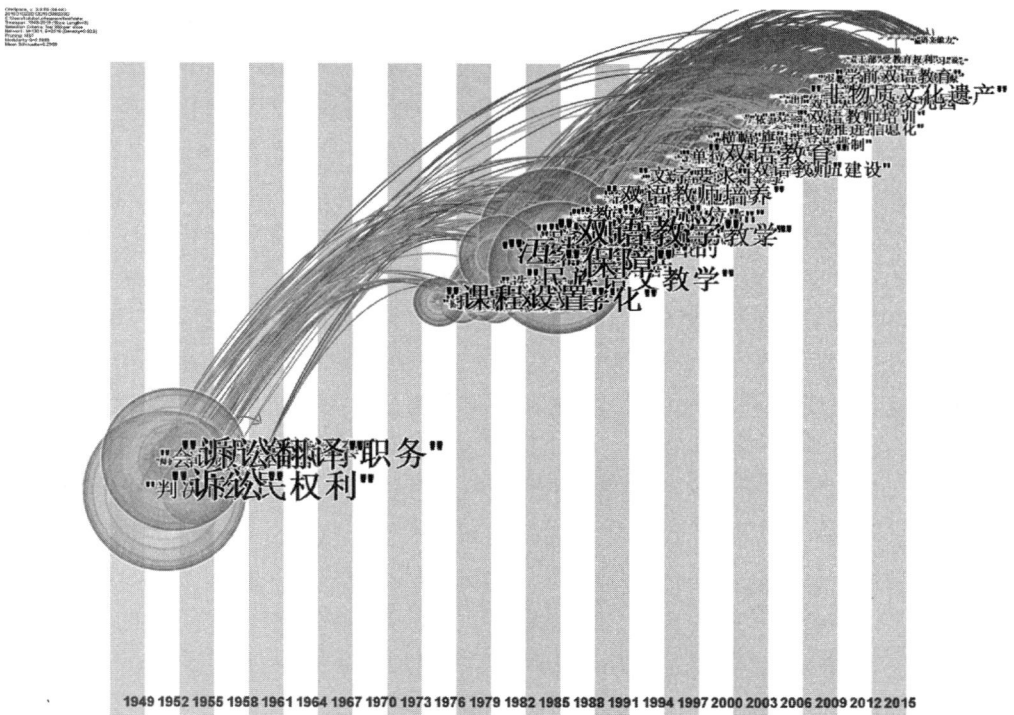

1949 1952 1955 1958 1961 1964 1967 1970 1973 1976 1979 1982 1985 1988 1991 1994 1997 2000 2003 2006 2009 2012 2015

图9　时区热点分布图谱

图9[2]展示民族语文政策制定的历时热点及变化情况，能清晰地展现不同时间

1　需要说明的是，在CiteSpace的时区热点分布图上关键词对应的时间，并不一定是关键词出现的热点时区，需要再结合具体数据分析，但CiteSpace的时区热点分布图能很好地展示热点关键词的最先出现时间以及之后的热度及趋势变化。

2　时区分布图谱的每一个节点代表一个关键词，节点大小表示关键词出现频次的高低，两个节点之间的连线粗线表示两个关键词共现频次高低，节点的年轮结构反映的是某一关键词出现的时间，色调由冷变暖表明时间由远及近。

段新出现的热点词及整个历史阶段政策制定的热点，从整体上客观反映出我国少数民族语文政策的发展过程。

如图 9 所示：（1）1949–1957 年，民族语文政策处于开创期，对"基本语言权、诉讼、诉讼翻译、机关执行职务"及"文字改革、文字制定"的相关规定是最初的民族语文政策，我国政府保障少数民族的基本语言权，为少数民族创制、改革和改进文字，保障各少数民族能够在法制、政治等领域使用自己民族的语言文字。图 9 中，在这个时间区域提出的政策节点所对应的年轮较厚，表明新中国建立之初提出的民族语文政策，在之后很长一段时间内都是政策的热点关注对象。（2）1958–1977 年，受"左倾"思想和"文革"的影响，少数民族语言文字的使用、新创、改进和推行等工作受到很大干扰，特别是在文革期间，整个国家的民族语言文字工作陷入瘫痪（王向豫 2014），这个阶段少数民族相关政策文件制定非常少，图 9 对应的时期区域没有显示任何热点及新出现的关键词，属于民族语文政策制定的停滞时期。（3）1978–1985 年，"双语教学"凸现，图谱所显示的年轮很厚，表明"双语教学"出现后成为政策制定的高度关注对象，但在此时间段还不是明显的热点；此外，在这个时段"课程设置、民族语文教学、双文字化、法律文书"以及"汉语普通话学习"等节点出现，在之后的几年内也成为民族语文政策的重要关注对象。从这个时区所颁布的政策文件内容及颁布数量的增长可以看出，民族语文政策制定工作开始逐渐恢复。（4）1986–2002 年，"双语教学"成为热点；"双语教育"开始提出并逐渐成为热点；"双语"成为维护和谐民族关系、促进各民族共同发展的必由之路和重要事业，与之相配合的"双语教师培养、教师队伍建设"等政策，在之后的几年内成为了政策制定的热点；在这个阶段开始重视民族语文"规范化""标准化"和"信息化"；在这个阶段与社会用字相关的"双文字化""牌匾""公章"等关键词开始大量出现，并迅速成为热点；提倡各民族之间"互相学习"语言文字也是此阶段的重点关注问题。如图 9 所示，在民族语文政策的发展期，关键词节点剧增，关注热点多，热点关键词的节点对应的年轮厚，持续时间长，从图示中表明这个阶段是我国少数民族语文政策发展的一个茁壮成长期，民族语文政策体系逐渐完善。（5）2002 年至今，时区分布图 9 显示"双语"的相关问题依然是重点；"民族语文信息化、非物质文化遗产、学前双语教育"在这个阶段成为了新的热点；对少数民族语言的"科学保护"和少数民族濒危语言"抢救和保护"等问题开始提出。在少数民族语文政策的迅速发展期，也是我国科技发展的高峰期，新的科学理念贯穿于民族语文政策的制定过程。从 CiteSpace 的时区热点分布图可以直观地看到我国少数民族语文政策的关注点变化，除特殊时期外，我国政府均制定了明确的法律法规和政策，保护和发展少数民族语言文字，重视语言权，这与我国坚持民族平等、语言平等的理念是一脉相承的。

5. 结语

中国少数民族语文政策知识库，建立了数字化的知识服务平台，实现了同类联想及语义推荐的智能化等功能，对少数民族语言文字政策进行了较好的分类管理，提供了多功能的服务，能满足不同研究者的需求。知识库的知识标注、分类和关联，为我国少数民族语言文字法律法规及政策文件进行较大规模的细致梳理和客观数据统计分析提供了基础。除4.1、4.2的研究实例外，基于少数民族语文政策知识库，研究者还可利用计算程序及知识库本身的应用功能，通过对相关信息的分类、挖掘、分析等方式，辅助实现对文件修正前后内容对比以及不同地域、不同领域、不同层级政策的对照等实证分析。少数民族语言政策知识库是实现少数民族语文政策定性和定量分析相结合的重要基础，其应用研究能为语言文字政策提供新的研究视角和方法论的参考。

参考文献

布和、宋全、李自然，2000，中国政府有关少数民族语言文字的基本法律、政策及使用状况 [J],《内蒙古工业大学学报（社会科学版）》（2）：54-57。

黄行，2010，国家通用语言与少数民族语言法律法规的比较述评 [J],《语言文字应用》（3）：19-22。

孙宏开，2015，中国少数民族语言规划百年议 [J],《青海民族研究》（2）：91-99。

王向豫，2014，中国当代语言政策分析 [D]。博士学位论文。天津：南开大学。

作者简介：陈丽湘，博士，教育部语言文字应用研究所与北京语言大学联合培养博士后，中央民族大学国家语言资源监测与研究少数民族中心兼职研究员。主要研究领域：计算语言学、语言政策与规划。电子邮箱：chenlixiang100@qq.com

（责任编辑：曹佳）

新世纪法国境内语言政策调整解析[*]

北京外国语大学 法语系　　**戴冬梅**

提　要：法国在国际上倡导"语言文化多样性"，在国内则实行"法语独尊"。新世纪以来，在全球化背景和多元文化思潮的影响下，法国进行了几次有利于境内其他语言保护的政策调整，其中较为重要的有 3 次。从国家认同的角度分析，这些调整看似有别于法国一贯的语言政策，但实际上改变幅度有限，并不影响法语作为国家语言和官方语言的地位，也不会改变法国国家认同、民族认同与语言认同高度重合的传统。

关键词：法国语言；语言政策；国家认同；《欧洲区域或少数民族语言宪章》

1. 引言

　　近年来，保护语言文化多样性逐渐成为全球共识。联合国教科文组织在 2005 年通过的《保护和促进文化表现形式多样性公约》的序言中指出，语言多样性是文化多样性的基本组成部分。法国是该公约最初的两个倡议国之一。它反对英语和英语文化一统世界，主张尊重文化多样性。但是，法国在国内语言政策上实行的一直是"法语独尊"的政策（戴冬梅 2012）。推广普及法语是法国延续了 200 多年、甚至是近 500 年的一项基本公共政策，历经各种政治体制和无数政府更迭依然存在（埃杰 2012：167）。同时，在政治理念层面，法国除了法兰西民族外没有其他民族的概念。对法国而言，共和国是国家、民族、语言三者的结合体（Cerquiglini 2000：600）。在"一国、一族、一语"原则中，国家认同、民族认同和语言认同达到高度重合。

　　新世纪以来，情况似乎有一定改观。法国进行了几次有利于境内其他语言保护的政策调整，好像转而重视国内的语言多样性了，法国语言政策出现了"宽松化"的迹象（戴曼纯、贺战茹 2010：4），其中较重要的调整共有 3 次：（1）"法国语言"（langues de France）的概念正式进入官方话语系统；（2）"法国语言"的主要组成部分——地方语言（langues régionales）的保护有了宪法依据；（3）法国为了批准《欧洲区域或少数民族语言宪章》（以下简称《宪章》）而启动了修宪程序。这些是否会改变法国的语言政策传统呢？笔者将从国家认同的角度对相关语言政策调整的内容逐条进行解析。

---

* 本文系国家语委2014年重点项目"国家认同视角下的国外少数民族语言政策研究"（项目编号：ZDI125-34）和中央高校基本科研业务费专项资金（项目编号：2014JJ013）的阶段性成果。

2."法国语言"概念的产生

20世纪,法语在法国的地位持续巩固和提高。一方面,法语继续普及,讲法语的人口比例持续上升;另一方面,法语的法律地位不断提升。1992年,法语的地位由法国《宪法》确定下来,成为"共和国的语言"(第2条)。1994年,《法语使用法》通过,对法语的使用进行了具体的强制性规定,并订明了相关罚则。与此同时,地方语言在20世纪后半叶持续衰落,讲地方语言的人口数目下降明显,有些语言学家开始呼吁保护地方语言。

另外,自20世纪80年代起,全球化进程持续加速。国家认同不再是对国民身份"绝对同一性"的要求,而意味着国民对自身多重角色和多重选择的身份进行整合(韩震2003:9)。在语言文化领域,这一变化使文化多样性观念深入人心,在欧洲范围内尤其如此。法国境内法语以外的语言群体也增强了争取语言权利的意识。在上述背景下,"法国语言"的概念逐渐产生。"法国语言"的概念出现并进入官方话语系统是法国新世纪境内语言政策的重要变化之一。

2.1 概念界定

"法国语言"是个新概念,源于1999年法国政府签署《宪章》时掀起的全国大辩论。尽管该《宪章》最终未获议会批准,但是文化传媒部负责语言政策规划和实施的"法语司"于2001年正式更名为"法语和法国语言司"(Délégation générale à la langue française et aux langues de France,简写为DGLFLF),标志着"法国语言"这一概念正式进入了法国官方话语体系。

法语和法国语言司对"法国语言"的定义表述虽然只有一句话,但是内容比较复杂。"法国语言"实际上必须同时满足以下四个条件:(1)是法国公民在法兰西共和国领土上讲的语言;(2)在法国的历史足够长,已经成为国家文化遗产的组成部分;(3)并非任何国家官方语言;(4)属于地方语言或少数人讲的语言(DGLFLF 2009:3)。条件(1)对语言主体和地理范围做出了规定。条件(2)和(4)主要指向了法国的地方语言,如阿尔萨斯语、布列塔尼语、科西嘉语等。条件(3)则排除了法语和大多数移民语言。以阿拉伯语为例,尽管相当多的法国公民讲阿拉伯语,而且阿拉伯语在法国存在和研究的历史也相当长,但是它是诸多阿拉伯国家的官方语言,因此不是"法国语言"。相反,阿拉伯语的方言却常常不是任何国家的官方语言,因此阿拉伯语方言就属于"法国语言"。

根据目前仍旧沿用的、1999年建立的列表,"法国语言"共有75种,分为3类:地方语言(68门)、非疆域语言(langues non-territoriales,6门)和法国手语(DGLFLF 2009:2-3)。地方语言(中文又译为区域语言、地区语或地方语)是"法国语言"的主要部分。它们曾经是历史上某一特定地域内居民的通用语。但是需要注意的是,地方语言并非汉语所说的"方言",因为它们并不是法语的变体,而是不同于法语的语言,历史往往比法语更长。钱治安(1994:8)认为:"法国的地区语往往是法国某些地区尤其是边远地区少数聚居地言语集团的母语。其中有真正的独立语言，也包括古今语言的个别方言，甚至法语与其他语言的混合语。必须指出，法国的地区语并不是法语的方言。"法语中虽然用了"地方"或"地区"作为修饰限定语，但有的学者认为，"少数人讲的语言"的说法或许比"地方语言"或"地区语"的说法更准确（Debbasch 2001：129-130）。

"非疆域语言"是与地方语言相对的概念，指与法国没有任何地域联系的语言，实际是外来移民语言的一部分，也属于"少数人讲的语言"。不过，如前文所述，移民语言要满足一定的条件，才是"非疆域语言"：一方面，在法国的历史要久远；另一方面，不能是任何一个国家的官方语言。目前这一类语言包括阿拉伯语方言、西亚美尼亚语、柏柏尔语、犹太西班牙语、茨冈语和意第绪语。

2.2 概念的局限性

尽管"法国语言"的说法已经进入官方话语系统，但是从其定义可以看出，它仍旧是一个不够严谨、不够全面的概念。首先，上述定义中的条件（2）（在法国的历史足够长、已经成为国家文化遗产的组成部分）较为含糊。时间多长才算足够长呢？如何确定语言进入国家文化遗产呢？对这一点，定义语焉不详。其次，"法国语言"目前仅包含了法国境内语言的一小部分。根据 1999 年法国唯——次在家庭普查中提出的语言问题的统计结果，在法国可以找到的语言多达 400 种（Héran *et al.* 2002：1）。因此，目前 75 种语言的"法国语言"列表远未展示出法国境内语言多样性的全貌。

另外，定义中条件（3）排除的语言很多。法国境内的许多语言，尤其是移民语言，受到了某种程度的忽视。作为一个移民国家，法国多种移民语言的使用频率和人数均超地方语言，但是大多数移民语言由于同时是其他国家的官方语言而被排除在"法国语言"概念之外。为什么"法国语言"要排除其他国家的官方语言呢？法语与法国语言司解释说，国家官方语言一般受到足够的重视和保护，而且，法国的学校往往把它们作为现代外语进行教授，因此它们的生存并没有受到威胁。但是，这些似乎并不能构成移民语言在法国没有任何政治和法律地位的充分理由。第一，法国学校教授的外语远不能覆盖所有国家的官方语言。第二，尽管目前法国地方语言的保护已经写入《宪法》，但就其整体而言，"法国语言"的法律地位仍旧属于缺失状态。第三，把历史、性质迥异的语言放到同一个"篮子"里的做法是否合适也值得商榷。从某种程度上说，这或许反映了法国目前无力或者不愿承认法语之外的、法国实际存在的所有的语言。无论如何，名不正则言不顺，没有恰当、明确的概念，"法国语言"无法得到应有的保护。"法国语言"概念尚不够明晰，这或许也是写入《宪法》的是地方语言，而不是"法国语言"的原因之一。

3. 地方语言保护入宪

一般来说，通过立法明确语言的法律地位，尤其确定语言在公共领域中的地位，是保障语言推广的有效途径。作为"法国语言"的主要部分，地方语言至少在形式上获得了较高的法律地位，因为它们被写入了《宪法》。

3.1 地方语言法律地位的提高

地方语言的保护写入《宪法》是有一定法律基础的。20 世纪，随着法语的推广和人口的流动，地方语言在法国家庭里的传承模式基本不复存在。法国于 1951 年出台了《戴克索纳法》（*loi Deixonne*），从教育领域开始保护和推广地方语言。从 1951 年到今天，地方语言的教学地位不断提高。最初，地方语言的教学地位只限于选修课，经申请才会开设，教学时间少（每周 1 至 2 个小时），涉及语言少（在当时法国本土承认的 30 多种地方语言中，法律只规定了其中 4 门的教学：布列塔尼语、巴斯克语、加泰罗尼亚语和奥克语）。后来，更多的地方语言被纳入，如科西嘉语和塔西提语分别于 1974 年和 1981 年进入教学范围。同时，教学时间得以延长。从 1975 年开始，整个学校教育阶段都可以进行地方语言和文化教学（《教育法典》第 L312-10 条）。另外，地方语言的教育层次也有所提高。1997 年，学士和硕士阶段开设了地方语言和文化专业。地方语言也可以用于其他科目的教学。从 2000 年开始，《教育法典》第 L312-11 条规定，如果教师认为对教学有利，尤其是为了法语的学习，可以在小学和幼儿学校中使用地方语言。地方语言在教育领域的重要性也不断提高。从 1969 年开始，地方语言开始成为高中会考（baccalauréat）的选考科目。

2008 年 7 月，法国修订宪法，地方语言在国家根本大法中取得了一席之地。《宪法》第 75-1 条款规定：地方语言属于法国文化遗产。尽管不少人认为此举名大于实，但能够写入《宪法》，还是意味着地方语言政治地位有所提高。而且，这一步来之不易。起初，法国国民议会建议将地方语言写入《宪法》第 2 条关于法语的表述，但是考虑到法语事关国家的主权和民族认同，认为将地方语言放在"共和国语言"的旁边不妥。经过讨论后，国民议会在其通过的提案中建议把地方语言相关条款写入《宪法》第 1 条。但是，该提案被参议院以绝对多数票否决。参议院认为，地方语言写入《宪法》将有损法语国家语言的地位。不过，由于国民议会的坚持和萨科齐总统的推动，地方语言入宪问题得以再次进入议会表决程序。2008 年 7 月 21 日，法国议会采取上下两院联席会议的形式、最终以一票的微弱多数通过了《第五共和国政体现代化宪法修订案》。其中，关于地方语言的表述被挪到了一个折中的条目位置，即《宪法》第 75 条，属于第 12 章"地方行政单位"。作为对《宪法》第 2 条第 1 款关于法语地位规定的回应，第 75-1 条款的规定使地方语言在《宪法》中占有一席之地，同时地位也明显逊于法语。

3.2 地方语言所受的限制

值得注意的是，尽管地方语言的教育地位和法律地位有所提高，但是其发展也受到诸多限制。例如，虽然地方语言逐步纳入正常教学时间，但是对学生和老师来说，都不是"必修"的（《2002 年 1 月 17 日关于科西嘉地区的法律》"鉴于"条款第 22-25 条）。在教学语言中，法语必须占绝对主导地位。另外，尽管设立了法语加地方语言的双语教学部，但地方语言科目之外的学科或学科领域，不得完全以地方语言教授（《2003 年 5 月 12 日关于初中和高中法语加地方语言双语教学的政令》第 2 条）。法语加地方语言的双语教学模式要首先保证法语不成为"第二语言"。在公立学校和与国家签约的私立学校中，地方语言的使用受到的限制更加严格。

与此同时，地方语言在公共生活领域的使用也有严格的规定。在行政和司法领域，法语是唯一合法的语言。所有公共法人及执行公务的个人都必须使用法语。个人在同行政和公务部门的交往中也必须使用法语。在司法领域，当事人需要使用法语进行诉讼，提供法语撰写或译成法语的文件，并在庭审时讲法语。当然，如当事人法语不够好，可以请法语翻译。只要法语足够好，法官就可以拒绝当事人讲地方语言。

另外，法国批准某些条约时，常常在语言条款上做出保留，从而使得相关条文在法国没有执行力。其主要原因是法国拒绝在公共领域中给予"法国语言"以特殊对待，在法律上拒绝承认不同的语言群体。如果无法做出保留，那么法国就拒绝批准条约。例如，虽然法国政府早已签署了《宪章》，但是多年来未予批准。《宪法》第 2 条和《法语使用法》中对法语使用的硬性规定是地方语言不可逾越的障碍，阻止其获得更高的地位。

4. 启动《宪章》批准程序

《宪章》是以保护区域和少数民族语言为宗旨的地区性国际公约。它由欧洲委员会（Conseil de l'Europe）于 1992 年 6 月 25 日通过，1992 年 11 月 5 日开始签署，1998 年 3 月 1 日生效。《宪章》认为，欧洲地方语言或少数群体讲的语言是欧洲历史文化遗产的重要组成部分，目前传承受到威胁，需要得到保护、推广。另外，《宪章》规定相关语言群体在个人以及公共生活中享有使用这些语言的权利。

4.1《宪章》在法命运一波三折

1999 年 5 月 7 日，法国在布达佩斯签署了《宪章》，但只同意 98 条建议中的 39 条。同年 6 月 15 日，法国宪法委员会援引《宪法》第 2 条的规定，判定《宪章》违宪，反对法国批准《宪章》。因此，法国虽然签署了《宪章》，但是法国议会没有批准，《宪章》在法国并不具有法律效力，基本等同于"一纸空文"。值得注意的是，欧洲委员会 47 个成员国中的 25 个已经通过该《宪章》，包括法国在内的 8 个国家尚未签署，14 个国家既没有签署，更谈不上批准通过。与法国情况相同的国家有的已经准备批准通过，但是，主张语言文化多样性的法国却成了欧洲保护地方语言和少数群体语言的"后进分子"。2012 年，这一状况似乎出现了转机。奥朗德在其总统竞选诺言第 56 条中承诺，如果他当选，将推动批准《宪章》。但是，2013 年 3 月，奥朗德上台不到一年，他突然宣布放弃批准《宪章》的计划。不过，又过了 9 个月，法国政府于 2013 年 12 月宣布启动修宪程序，以便议会批准《宪章》。

尽管《宪章》的理念符合当今世界语言文化多样性主张的潮流，而且为了批准它的修宪程序已经启动，但是《宪章》在法国的前途仍然未卜。也就是说，启动修宪程序并不意味着《宪章》在法国一定能够脱离未被批准的困境。

4.2 《宪章》批准的三重困扰

首先，法语的宪法地位是阻碍《宪章》获得批准的第一大因素。1992 年，法语进入《宪法》，位于第 1 章"关于主权"中的第 2 条第 1 款，排在国徽、国歌、国家原则之前。在法国宪法学家 Carcassonne 看来，在法语至尊地位早已确定的法国做出这样的规定，明显是别有用心："一般来说，宪法条文并不关心语言问题，在同一国家内部存在几种官方语言时除外（如比利时、西班牙等国家）。"显然，《宪法》第 2 条是"醉翁之意不在酒"，是有特殊指向的。其表面目的是限制法国人在国际机构、尤其是欧盟范围内使用英语。但 Carcassonne（2007：45）一针见血地指出，法语的"宪法化"更是为法国地方语言获得政治和法律地位设置障碍。1999 年，《宪章》第一次批准进程受阻已经证明了这一点。

其次，《宪章》的批准可能成为政局变化的牺牲品。为了明白这一点，重新启动修宪的时间节点值得关注。如上文提到的，2013 年 3 月，上任不满一年的奥朗德宣布放弃竞选时推动批准《宪章》的诺言。但当年底，由于他想出台"生态税"，惹恼了布列塔尼地区的居民。后者头戴历史上象征抗税运动的"红帽"，掀起大规模的抗议活动。当时的法国总理艾罗（Ayrault）在去布列塔尼时宣布了重启修宪、加快通过《宪章》的决定，其目的很明显是为了安抚民众。众所周知，布列塔尼是要求批准《宪章》最为积极的法国地区之一。地方语言在此变成了法国当权者的"政治武器"。启动修宪这一表面上有悖于法国国家认同传统的做法，实际上符合埃杰所谓的政策和态度之间的"动态认同建构（dynamic identity construction）"（埃杰 2012：138）。尽管表面态度有变化，并不意味着政策和认同也发生了实际改变。

最后，从技术层面讲，除了修改《宪法》之外，要达到批准《宪章》的目的，议会两院还需要达到法定多数的支持票，而非简单多数即可。因此，通过《宪章》

的程序难度很大。从某种程度上说，修宪虽然程序繁琐，耗时长，但也只是"万里长征第一步"。由于《宪章》与法国语言政策的历史传统之间存在根本矛盾，所以短期内达到目标的可能性很小。更何况，法国国内反对的声音不绝于耳。有的学者直言，承认少数语言群体，就是承认不同民族，就是反共和、走向分裂。另外，法国要求地方高度自治、乃至国家分裂的压力没有完全消失（如科西嘉、巴斯克地区）。一般而言，只有在此类问题完全不足为患时，《宪章》才可能获得批准（埃杰 2012：104）。法国显然尚未跻身此类国家之列。如此看来，《宪章》在法国的命运远未到否极泰来的时候。退一步说，即使法国最终批准了《宪章》，由于国家认同至上的传统，恐怕它也不会完全满足地方语言捍卫者的要求。也就是说，《宪章》的批准必将伴随着若干严格的限制措施。

5. 结语

在国际上，法国主张文化和语言多样性，实际目的是为了对抗英语，以便更好地保护法语的国际地位。在国内，面对语言多样性，法国致力于维护法语的独尊地位。统一的语言有利于国家的统一，法国的语言政策始终彻底遵循着国家认同、民族认同和语言认同高度重合的原则。给予少数语言群体以充分的权利与此传统之间存在着不可调和的矛盾。法国在新世纪进行的几次语言政策调整实际上仍然没有充分考虑国家多语言、多族裔的现实。即使政治家们有时做出保护地方语言的姿态，往往也只是审时度势的暂时行为，目的是增加政治筹码、争取支持率或度过危机时期。新世纪法国境内语言政策调整的时间节点也颇耐人寻味。如前文所述，20 世纪后半叶开始，法国地方语言日渐式微，已不能构成对法语的任何实质性威胁。此时开始进行地方语言的保护，既能保障法语传统的独尊地位不受损害，又能做出顺应时代潮流的姿态，减轻来自国际和欧洲内部的舆论压力，可谓一举两得。综上所述，新世纪法国境内语言政策调整是有限的改变，不会威胁到法语作为国家语言和官方语言的地位，也不影响法国语言政策中国家认同至上的传统。

参考文献

Carcassonne, G. 2007. *La Constitution* [M]. Paris: Seuil.

Cerquiglini, B. 2000. La Politique linguistique [A]. In Gérald Antoine & Bernard Cerquiglini (eds.). *Histoire de la langue française*. 1945-2000 [C]. Paris: CNRS. 597-606.

Charte européenne des langues régionales et minoritaires（《欧洲区域或少数民族语言宪章》）[OL], http://www.coe.int/t/dg4/education/minlang/aboutcharter/default_fr.asp (accessed 18/08/2016).

Debbasch, R. 2001. La République indivisible, la langue française et la nation [J]. *Revue de la recherche juridique. Droit prospectif* 1: 113-130.

DGLFLF (Délégation générale à la langue française et aux langues de France). 2009. *Références 2009.*

Langues de France [OL], http://www.dglflf.culture.gouv.fr/ (accessed 12/10/2015).

Héran, F. A. Filhon & C. Deprez. 2002. La Dynamique des langues en France au fil du XXe siècle [J]. *Bulletin mensuel d'information de l'Institut d'Etudes démographiques*. 376: 1-4.

埃杰，2012，《语言规划与语言政策的驱动过程》[M]，吴志杰译。北京：外语教学与研究出版社。

戴冬梅，2012，法国语言政策与其"文化多样性"主张的悖论 [J]，《北华大学学报（社会科学版）》（6）：20-23。

戴曼纯、贺战茹，2010，法国的语言政策与语言规划实践——由紧到松的政策变迁 [J]，《西安外国语大学学报》（1）：1-5。

韩震，2003，《全球化时代的文化认同与国家认同》[M]。北京：北京师范大学出版社。

钱治安，1994，法国的语言 [J]，《法国研究》（12）：7-22。

作者简介：戴冬梅，博士，北京外国语大学法语系副教授。主要研究领域：法国语言政策、中国法语教学、中法关系史。电子邮箱：daidongmei@bfsu.edu.cn

（责任编辑：李艳红）

Abstracts of Major Articles in This Issue

On the value of resources from cross-border languages

ZHAO Shiju

China has a lot of cross-border languages that encode specific ethnic identities, bear multicultural values and exhibit a unique linguistic phenomenon. They contain unique linguistic resources, copious cultural resources, precious historical resources, as well as important political resources, special security resources and potential economic resources. That means they are comprehensive, multi-functional and strategic resources of the nation concerned. Their values are more prominent especially in the scenario of "the Belt and Road Initiative". Therefore it is an important and eminent mission to strengthen the protection and utilization of cross-border languages.

Studies on the cross-border languages in China from the perspectives of ecology and security

GUO Longsheng

Based on the research results of the first and the second forum on cross-border languages, and combined with other relevant documents, this paper briefly reviews the current situation of cross-border languages in China, and analyzes their survival situations from the perspectives of ecology and security; and with an analysis of the surrounding languages and cultural environments, the author raises the problems in the development process of these languages, and analyzes the reasons and puts forward countermeasures, in order to offer suggestions for the healthy and scientific development of contemporary language planning in China.

Data analysis on the reportages in the new media about *The Belt and Road Initiative*

XING Xin; LI Ying

This paper, based on news reports about "the Belt and Road Initiative" collected from some new media, attempts to explore the linguistic characteristics of these reports and identify some features in building the Belt and Road reflected in the reports. According to the overall statistics and with reference to the five major goals (policy coordination, facilities connectivity, unimpeded trade, financial integration, people-to-people bond) of "the Belt and Road Initiative", the paper elaborates on the features of the word usage in the data in terms of four categories, i.e. policies and regulations, economy, cultural exchange, as well as festivals and customs. The paper concludes that by analyzing the news reports, we can observe the reporting tendency, and understand the trend and development of "the Belt and Road Initiative".

Discourse analysis of tourism news reports on *The Belt and Road Initiative*
ZHANG Meitao; XU Tiantian; XING Xin

With the advancement of the Belt and Road Initiative proposed by China, relevant tourism news reports spring up vigorously. On one hand, these reports have significant impact on the tourism industry in promoting the development of "regional" tourism. On the other hand, the Belt and Road Initiative provides many chances for the development of tourism industry both at home and abroad. This paper attempts to analyze the hot words about the Belt and Road Initiative in tourism news reports extracted from five websites and eight public official WeChat accounts quantitatively in terms of amounts, world regions, report perspectives and topics. The findings would be helpful in understanding the characteristics and tendency of the news reports about "the Belt and Road Initiative".

A critique of post-Soviet language policies of five central Asian states and China's coping strategies under *The Belt and Road Initiative*
ZHU Ye

The five central Asian states play a pivotal role in China's "the Belt and Road Initiative"; hence it is significant for us to study their language policies, especially those of the post-Soviet ones, and take coping strategies accordingly. In general, their language policies, with a strong political colour, have profoundly influenced their social, economic and cultural development and truly reflected their relationships with Russia. Meanwhile, some common problems do exist in their respective language planning, such as failing to satisfy the demands of national development, language corpus planning and acquisition planning seriously lagging behind status planning, and lacking of coordinating planning and implementation of certain language policies. Therefore, we should conduct more studies concerning the language situations of these states, improve our language services necessary for the success of our cooperation, and cultivate more people having a good command of at least one Central Asian language.

A study of language ecology and language policy in Kazakhstan
ZHANG Zhiguo; CHEN Le

Kazakhstan being the largest country in Central Asia, and an important neighboring country of China, it's of great significance to understand and study the language ecology

(LE) and language policy (LP) in Kazakhstan. This paper is to describe Kazakhstan's LE from the perspective of history, ethnic groups, demography, religion and language, and to highlight Kazakhstan's LP from the angle of status, corpus and acquisition plannings. The paper argues that Kazakhstan is a multi-ethnic, multi-lingual and multi-cultural country, and the principal mission of its LP is to balance the relationship between Kazakh language and Russian.

On the externalization of language

XU Daming; QI Ruying

The externalization of language can be recognized in three cases: the development of artificial intelligence in language acquisition and language use; the equating of linguistic systems to language proper; the control of the identity function of language. In the case of man-machine conversations, language becomes something beyond its biological basis. Learning a foreign language is a language activity that is extracted out of its original boundary. Language planning manipulates language identity and it reveals the artificial nature of modern languages. The current phenomena of language externalization show the limitations of linguistic theories: the theory of biological linguistics restricts the development of language technology; the semiotic theory of language deviates from the realities of languages of the world; the language and culture theory ignores the power of language planning. Discussions of the language externalization help us to understand human language in its evolutionary perspective, and also help us to anticipate its future trends of development.

Construction and application of knowledge base for Chinese minority language policy

CHEN Lixiang

In this paper, a knowledge base for minority language policy is introduced in terms of its building process and main functions. Besides, with concrete examples, it demonstrates how to conduct an analysis of language policy diffusion and its development course with information from a domain knowledge base. It is expected to provide a better service for language policy and planning study, and offers a novel research perspective and a methodology reference as well.

A study of language policy reforms in France in the new century

DAI Dongmei

France always advocates "linguistic and cultural diversity" internationally, but carries out the policy of "French Only" domestically. Against the background of globalization, France has made several reforms for the benefits of other languages other than French. The paper focuses on the three main reforms of language policy in France in the new century from the perspective of national identity. The paper argues that the reforms are very limited, which cannot influence the state language and official language position of French or change the combinational tradition of national identity, ethnic identity and linguistic identity.

格式体例

1. 稿件构成

论文中文标题、中文提要、中文关键词、论文正文（含参考文献）

论文英文标题、英文提要（另页）

附录等（若有）

作者姓名、单位（中英文）、通信地址、电话号码、Email 地址（另页）

2. 提要与关键词

论文须附中、英文提要；中文提要 200-300 字，英文提要 150-200 词。另请给出能反映全文主要内容的关键词 2-4 个。

3. 正文

3.1 结构层次

正文分为若干节，每节可分为若干小节。

3.2 标题

节标题、小节标题独占一行，顶左页边起头。

节号的形式为 1、2、3……，节号加小数点，然后是节标题；或一、二、三……，节号后加顿号，然后是节标题。

小节号为阿拉伯数字，形式为 1.1、1.2、1.3……，1.1.1、1.1.2、1.1.3……。小节号后空 1 格，不加顿号或小数点，然后是小节标题。

小节之下可以采用字母 A. B. C.，a. b. c.，(a) (b) (c) 或罗马数字 I. II. III.，i. ii. iii.，(i) (ii) (iii) 对需要编号的内容加以编号。

3.3 字体

正文的默认字体为宋体五号。

中文楷体用于字词作为字词本身使用，如：

"劣字怎么念？"

英文倾斜字体的使用范围主要是：

（1）词作为词本身使用，如：

The most frequently used word in English is *the*.

（2）拼写尚未被普遍接受的外来词，如：

Jiaozi is very popular in China.

（3）书刊等的名称。

图表的字体可根据需要换为较小的字号。

3.4 图表

图标题置于图的下方，表标题置于表的上方。

图号／表号的格式为"图／表＋不带小数点的阿拉伯数字"。

图表的字体一般为宋体小五；若需要，可以适当采用较小的字号。

图表的行距为单倍。

3.5 参引

一切直接或间接引文以及论文所依据的文献均须通过随文圆括号参引（in-text parenthetical reference）标明其出处。

参引的内容和语言须与正文之后所列参考文献的内容和语言一致。

作者名字若是英文或汉语拼音，不论该名字是本名还是译名，参引时都仅引其姓。其他民族的名字或其译名若类似英文名字，参引时比照英文名字。

转述某作者或某文献的基本或主题观点或仅提及该作者或该文献，只需给出文献的出版年，如：

陈前瑞（2003）认为，汉语的基本情状体分为四类，即状态、活动、结束、成就。

直接或间接引述某一具体观点，须给出文献的页码，格式是"出版年：页码"，如：

吕叔湘（2002：117）认为，"成"做动词时，有四个义项：1）成功、完成；2）成为；3）可以、行；4）能干。

如作者的名字不是正文语句的一个成分，可将之连同出版年、页码一起置于圆括号内，如：

这是社交语用迁移的影响，即"外语学习者在使用目的语时套用母语文化中的语用规则及语用参数的判断"（何兆熊 2000：265）。

圆括号内的参引若不止一条，一般按照出版年排序。同一作者的两条参引之间用逗号隔开，如：Dahl (1985, 2000a, 2000b)；不同作者的参引之间用分号隔开。

文献作者若是两个人，参引时引两个人的名字。中文的格式是在两个名字之间加顿号，如"吕叔湘、朱德熙（1952）"；英文的格式是在两个姓之间加 & 号，表示'和'，如 Li & Thompson (1981)。

文献作者若是三人或三人以上，参引时仅引第一作者的名字。中文的格式是在第一作者名字之后加"等"字，如"夸克等（1985/1989）"；英文的格式是在第一作者的姓之后加拉丁缩略语"*et al.*"，如"Quirk *et al.* (1985)"，*et al.* 为斜体。

3.6 随文圆括号夹注

除了用于参引外，随文圆括号夹注主要用于提供非常简短的说明、译文的原文以及全名的缩写或全称的简称，如：

对于莎士比亚学者来说，最重要的词典有两部：一部是十九世纪七十年代德国人 Alexander Schmidt 以德意志民族特有的勤奋及钻研精神编纂的两卷本巨著 *Shakespeare Lexicon and Quotation Dictionary*（1874/1902/1971，以下简称 Lexicon），另一部是 *Oxford English Dictionary*（1884-1928/1989，通常简称 OED）。

随文夹注的字体与正文默认字体相同。

3.7 注释

一般注释采用脚注的形式，即在正文需注释处的右上方按顺序加注数码 1、2、3……。

3.8 例证/例句

例证/例句宜按顺序用（1）（2）（3）……将之编号。每例另起 1 行，左缩进 1 个中文字符。编号与例句之间不空格，回行时与上一行例证/例句文字对齐。外文例证/例句可酌情在圆括号内给出中译文。

4. 参考文献

每一条目首行顶左页边起头，自第 2 行起悬挂缩进 2 字符。

文献条目按作者姓氏（中文姓氏按其汉语拼音）的字母顺序排列。

中文作者的姓名全都按姓＋名的顺序给出全名。英文仅第一作者的姓名（或汉语拼音姓名）按照姓＋名的顺序给出，姓与名之间加英文逗号，其他作者的姓名按其本来顺序给出。英文作者的名仅给出首字母。

中外文献分别排列，外文在前，中文在后。

同一作者不同出版年的文献按出版时间的先后顺序排列，同一年的出版物按照文献标题首词的顺序排列，在出版年后按顺序加 a、b、c 以示区别。

外文论文（包括学位论文）的篇名以正体书写，外文书名以斜体书写。篇名仅其首词的首字母大写，书名的首词、尾词以及其他实词的首字母大写。

篇名和书名后加注文献类别标号，

专著标号为 [M]

论文集为 [C]

论文集内的文章为 [A]

期刊论文为 [J]

尚未出版的会议论文或研究报告为 [R]

博士论文和硕士论文为 [D]

词典为 [Z]

网上文献为 [OL]

期刊名称后的数字是期刊的卷号，通常是每年一卷，每卷统一编页码。如没有卷号只有期号，则期号须置于圆括号内；如有卷号但每期单独编页码，须在卷号后标明期号并将期号置于圆括号内。

每条顶左页边起头，回行时悬挂缩进 2 个中文字符。

中国外语与教育研究中心"语言政策沙龙"
征稿启事

由北京外国语大学中国外语与教育研究中心主办的"语言政策沙龙"已成功举办了 12 期。为使更多研究者和博士生、硕士生分享研究成果和体会，现公开征集选题，详情如下：

沙龙形式：主讲人介绍个人研究一小时、参加者共同讨论一小时
研究范围：与语言政策与规划有关的理论探讨或实证研究
研究阶段：可以是已全部完成的研究，也可以是正在进行的研究
　　　　　（尤其欢迎博、硕士论文的研究进展分享）
沙龙时间：通常安排在周四下午 2 点—4 点
沙龙地点：通常安排在北京外国语大学西院中国外语与教育研究中心六层会议室
计划期数：每年计划 8 期（视具体情况而定）

如您有兴趣和我们分享您的研究，请将中文发言摘要（500 字左右，包括题目、研究背景、研究问题、研究方法、研究结果或进度以及发言人联系信息）发至 yyzcsl@126.com。被接受的发言摘要我们会及时与发言人取得联系。沙龙常年举办，随时接受发言摘要。沙龙的举办信息将定期发布在中国外语教育研究中心网站：www.sinotefl.org.cn。

中国外语与教育研究中心

2016 年 12 月

《语料库语言学》稿约

一、本刊欢迎以下各类来稿：

　1. 语料库语言学理论探索

　2. 语料库与中介语研究

　3. 语料库与语言对比研究

　4. 语料库与翻译研究

　5. 语料库与语言描写

　6. 语料库与话语研究

　7. 语料库研究新方法

　8. 语料库软件的设计与开发

　9. 语料库的研制与创建

　10. 书刊评介（语料库相关书籍的述评。所评介的书籍限近 3 年出版的高水平论著）

　11. 以上未能涵盖的其他相关研究。

二、请将研究性论文稿件字数控制在 8,000–10,000 字以内（字数计算含中文标题、中文摘要、正文、参考文献）。书评字数 5,000 字上下为宜。投稿稿件中请另附英文标题及英文摘要。

三、初审、复审在编辑部内完成。初审由编辑部指定的本单位编辑或专家，复审由主编完成。本刊按刊物实际载文量 200% 的比例，筛选稿件寄送一至两名国内外同行专家匿名外审。

四、本刊实行同行专家匿名审稿制。一般审稿周期为 3 个月。

五、不收取任何审稿费、版面费，亦不支付稿费。被录用者赠送当期杂志 4 册。

六、投稿方式：本刊不接受纸质投稿。请将稿件电子版 Word 文档发送至 bfsucrg@sina.com。

中国外语与教育研究中心介绍

　　中国外语与教育研究中心所依托的北京外国语大学，是我国开办历史最长、开设语种最多的外语院校，设有我国第一批外国语言文学博士点和第一个博士后流动站，师资力量雄厚，学术成果丰富。2000年3月，北外以外国语言研究所为基础，吸收英语系等院系的科研力量，组建了中国外语与教育研究中心。同年9月，中心被教育部正式批准为"教育部人文社会科学重点研究基地"。

　　中国外语与教育研究中心同时也是北京外国语大学国家重点学科"外国语言学及应用语言学"的主体单位。中心拥有一支精干的科研教学队伍，现有专职研究员13名（均为博士），其中11人为教授、2人为副教授，多为北外国家重点学科的学科带头人或学术骨干；中心还在国内外聘请了4位兼职研究员（均为博士）。中心以科研为主导，主要研究方向为应用语言学、普通语言学、计算语言学，努力在国内外语言政策与规划、外语教育理论与实践、外语教育资源与技术等研究领域作出重要标志性成果。近五年来，中心新立项课题44项，其中国家级和省部级项目29项（含国家社科基金重大项目2项）、国际合作项目2项，多次荣获教育部和北京市人文社科优秀成果奖。研究人员发表论文和出版专著共计392篇/部，举办全国性或国际性学术会议22次，每年赴海内外名校学术访问约40人次；每年有20余位国内外专家学者来中心进行学术交流。中心是我国高级外语人才的重要培养基地，每年招收博士后2-4名，博士生15名左右，硕士生约20名；此外，中心还常年接受培养国内外高校的访问学者和硕士/博士交流生、进修生、留学生。中心开展多方位的国内外学术交流，与英国伦敦大学教育学院、圣安德鲁斯大学、谢菲尔德大学和新西兰奥克兰大学等签有合作培养协议。中心开设的专业和课程，内容丰富、新颖，紧跟国际前沿。硕士研究生教育改革项目荣获第六届国家级教学成果奖二等奖。学生们在导师指导下，视野开阔，思想活跃，勤奋钻研，并积极参与导师主持的科研项目。现有博士研究生50余名，硕士研究生50余名，是我国高级外语研究人才的重要培养基地。每年有多名毕业生获北外优秀博士/硕士论文奖，并有多位博士生获北京市和全国优秀博士论文奖。

　　中心资料室拥有丰富的语言学和应用语言学专业书刊。现有中文图书6,700余册、英文图书7,800余册、中英文期刊350余种。中心承办的北京外国语大学学报《外语教学与研究》是全国外语界有重大影响力的学术期刊。此外，中心还创办了《中国外语教育》（季刊）《语料库语言学》（半年刊）《语言政策与规划研究》（半年刊）《中国英语教育》（电子季刊）及内部刊物《世界语言战略资讯》（月刊），均受到学界关注。

图书在版编目 (CIP) 数据

语言政策与规划研究. 2016. 2：汉、英／戴曼纯主编. —— 北京：外语教学
与研究出版社，2017.5
　　ISBN 978-7-5135-9154-6

　Ⅰ. ①语… Ⅱ. ①戴… Ⅲ. ①语言政策－研究－汉、英 Ⅳ. ①H002

　　中国版本图书馆 CIP 数据核字 (2017) 第 136986 号

出 版 人　蔡剑峰
责任编辑　毕　争
执行编辑　王丛琪　蔡　喆
封面设计　孙敬沂　平　原
出版发行　外语教学与研究出版社
社　　址　北京市西三环北路 19 号（100089）
网　　址　http://www.fltrp.com
印　　刷　中国农业出版社印刷厂
开　　本　787×1092　1/16
印　　张　7
版　　次　2017 年 6 月第 1 版 2017 年 6 月第 1 次印刷
书　　号　ISBN 978-7-5135-9154-6
定　　价　12.00 元

购书咨询：（010）88819926　电子邮箱：club@fltrp.com
外研书店：https://waiyants.tmall.com
凡印刷、装订质量问题，请联系我社印制部
联系电话：（010）61207896　电子邮箱：zhijian@fltrp.com
凡侵权、盗版书籍线索，请联系我社法律事务部
举报电话：（010）88817519　电子邮箱：banquan@fltrp.com
法律顾问：立方律师事务所　刘旭东律师
　　　　　中咨律师事务所　殷　斌律师
物料号：291540001